MIT DEM HERZEN SUCHEN

Für meine erste Frau Mike
und unsere Kinder
Jan-Peter und Beatrix

und meine jetzige Frau Elke
und unsere Kinder
Stephanie, Irja, Nikolas und Tobias
in großer Liebe

Jens Uwe Martens

MIT DEM
HERZEN SUCHEN

»Der Kleine Prinz« von Saint-Exupéry
als Wegweiser durchs Leben

Inhalt

Kapitel II: »Das Wesentliche ist für die Augen unsichtbar«

Kapitel III: Der Affenbrotbaum

Kapitel IV: Die Rose des »Kleinen Prinzen«

Kapitel V: Die Reise des »kleinen Prinzen« zu den Asteroiden

Kapitel VI: Der Weichensteller

Einführung

»Was wird aus meinem Buch bei dem, der es liest?«
Antoine de Saint-Exupéry

»Der Kleine Prinz« als Ratgeber und Freund

Das Märchen von Antoine de Saint-Exupéry »Der Kleine Prinz« ist für viele Menschen eines der Bücher, das man auf eine einsame Insel mitnimmt, wenn man nur ein Buch mitnehmen kann, d. h. eines jener Bücher, zu dem man eine besonders enge Beziehung entwickelt hat, das mehr ist als nur ein lebloses Buch.

Welche Bedeutung hat dieses Buch für Sie? Ist es auch für Sie das Buch, das Sie aus Ihrem brennenden Haus retten würden, wenn Sie nur ein Buch mitnehmen könnten? Ist es auch für Sie zur Schlüsselerzählung geworden, oder halten Sie es für übertrieben, dieses Buch so herauszuheben?

Meine Schwester Ute, die ein paar Jahre älter war als ich, und die für mich immer mehr war als »nur« eine Schwester, hat mir dieses Märchen das erste Mal vorgelesen, als ich wohl zehn Jahre alt war. Seit dieser Zeit habe ich zu dem »Kleinen Prinzen« – vielleicht auch durch mein persönliches Schicksal – eine ganz besondere Beziehung entwickelt. Er war und ist für mich seit dieser Zeit ein besonders guter und treuer Freund:

Er hat mir Rat gegeben, wenn ich ihn brauchte; er war wie ein weiser Lehrer für mich, der mir einen glückvollen Weg durchs Leben gezeigt hat; er hat mir Zuflucht gewährt, wenn ich mit der Welt nicht mehr zurechtkam; er hat mir Geborgenheit und Hoffnung gegeben in Zeiten der Einsamkeit und des Verlassenseins; er hat mir Stärke gegeben, wenn ich meinte, alle Hoffnung verlieren zu müssen, und er hat mich getröstet, wenn ich kurz davor war, völlig zu verzweifeln.

Der »Kleine Prinz« hat mir gezeigt, daß es in einer Welt, die mir manchmal so vorkommt, als bestehe sie nur aus kalter Berechnung und purer Rationalität, auch Gefühle gibt, und daß diese Gefühle einen Wert für sich besitzen. Der »Kleine Prinz« hat mir immer wieder Mut gemacht, an Werte wie echte Freundschaft und tief empfundene Liebe zu glauben, auch dann, wenn »die großen Leute« in meiner Umgebung diese Gefühle als Sentimentalität abzuwerten versuchten. Viele von ihnen interpretieren Freundschaft als eine Frage des persönlichen Nutzens, Liebe und Partnerschaft als eine Sache der »guten Partie« und verhöhnen jeden offen oder hinter seinem Rücken, der Freundschaft und Partnerschaft nur als eine Sache des Herzens sieht. Der »Kleine Prinz« hat meine Angst, daß man mich für diese Empfindsamkeit und das Hochhalten solcher Gefühle als sentimental und kindisch verlacht, – fast immer – verschwinden lassen.

Er war dabei für mich auch immer ein sehr nützlicher Ratgeber, nicht zuletzt bei schwierigen, den Lebensweg bestimmenden Entscheidungen. Allerdings hat er mir – auch das wie ein guter Freund – seinen Rat niemals direkt gegeben oder gar aufgedrängt. Es war eher eine leise, mahnende Stimme im Hintergrund, die mich z. B. immer wieder daran erinnerte, die wichtigen und die unwichtigen Dinge nicht miteinander zu verwechseln. Der »Kleine Prinz« war so gesehen in meinem ganzen Leben ein wesentlicher Orientierungspunkt und er ist es noch heute.

Der »Kleine Prinz« ist aber auch ein Problemlöser und insofern auch für den ernsthaften, »großen Menschen« durchaus nützlich. Saint-Exupéry hat uns eine Geschichte erzählt, die seine Strategie zur Lösung von Problemen zeigt – und er hatte schwerwiegende Probleme. Auch von diesen Lösungsstrategien wird also in diesem Buch die Rede sein, wenn sich auch diese Strategien mehr auf den Teil der Lösung eines Problems beziehen, der in uns selbst liegt, aber das ist in der Regel auch der wichtigere Teil.

»Der Kleine Prinz«
nur ein Kinderbuch?

Wenn man Menschen in seiner Umgebung fragt, ob sie den »Kleinen Prinzen« von Saint-Exupéry kennen, so sagen die meisten »Ja«. Aber viele sehen darin ein Kinderbuch, ein Buch, das nichts für Erwachsene ist, zumindest nicht für »ernsthafte Geschäftsleute«, die »Wichtigeres zu tun haben, als mit so einem Kinderkram die Zeit zu vergeuden«.

Auch die Gedanken, die ich in diesem kleinen Buch festgehalten habe, werden sicher nicht von allen verstanden oder geteilt werden. Es gehört viel Offenheit dazu, die hier dargelegten Empfindungen in sich hineinzulassen – und Offenheit bedeutet, sich verletzlich zu zeigen, und dazu gehört Mut. Auch ich mußte einigen Mut aufbringen, um mich für dieses Buch zu öffnen und das Risiko einzugehen, daß ich vielleicht auf Unverständnis stoße.

Freilich hat der »Kleine Prinz« auch in diesen Fällen Trost bereitgehalten: Er hat mich darauf vorbereitet, daß »die großen Leute eine Vorliebe für Zahlen haben« und sich »für das Wesentliche«, für die Dinge des Gefühls, »für den Klang der Stimme, oder ob jemand Schmetterlinge sammelt« (S.17) und natürlich auch für Kindermärchen nicht interessieren. Sein Rat für solche Fälle: Man sollte sich mit »ernsthaften Leuten« lieber »über Bridge, Golf, Politik und Krawatten« (S. 9) unterhalten und ich möchte hinzufügen: über deren Besitztümer wie Autos, Häuser, Yachten oder ähnliches.

Vielleicht schreibe ich gerade für diese »großen Leute« dieses Buch, weil ich viele von ihnen sehr gerne mag, sonst hätte ich ihnen wohl auch nicht von meiner Beziehung zum »Kleinen Prinzen« erzählt.

Nachdem Sie dieses Buch in Ihren Händen halten und sogar darin lesen, wage ich zu vermuten, daß Sie nicht zu diesen »ernsthaften Leuten« gehören, von denen Saint-Exupéry annimmt, daß sie keinen Sinn mehr für das Wesentliche haben. Ich gehe also davon aus, daß Sie sich durchaus für offene und geschlossene Riesenschlangen und für Affenbrotbäume auf Asteroiden interessieren! Natürlich nicht aus biologischer oder anatomischer Sicht, sondern weil sie wissen oder ahnen, daß diese Bilder uns viel mehr geben können, als das eine Kindergeschichte üblicherweise kann.

Saint-Exupéry selbst sagt uns an einer Stelle, daß er das Buch viel lieber als Märchen angefangen hätte: »Es war einmal ein kleiner Prinz, der wohnte auf einem Planeten, der kaum größer war, als er selbst, und der brauchte einen Freund ...«

Er sagt uns dann auch, warum er nicht so angefangen hat: »Denn ich möchte nicht, daß man mein Buch leichtnimmt.« Aber was wir darin sehen, überläßt er ganz offensichtlich uns selbst.

Das Buch handelt also von einem kleinen Prinzen, der aufbricht, einen Freund zu suchen. Wer bereit ist, dieser Freund zu sein, hat dann selbst einen besonders wertvollen Freund gefunden.

Keine psychologische Interpretation

Die Frage, was sich Saint-Exupéry bei den einzelnen Bildern in seinem Buch gedacht hat, ist interessant zu diskutieren, steht sicher aber nicht im Vordergrund. Wir können ihn leider nicht mehr fragen. Ich bin aber überzeugt davon, daß er überrascht wäre zu erfahren, was zumindest für mich und wie ich weiß, für viele andere, seine Bilder für eine Bedeutung haben.

Die Biographie von Saint-Exupéry legt nahe, daß er dieses Buch direkt »aus dem Herzen« geschrieben hat, sozusagen vom Herzen zum Herzen. Das heißt aber auch, daß eine verstandesmäßige, vielleicht sogar psychologische Analyse dieses Buches ihm nicht gerecht wird. Eine solche Herangehensweise, wie sie z. B. Eugen Drewermann versucht hat, mag interessant sein, wenn man sich für die Person Saint-Exupérys interessiert und es deshalb »für unerläßlich hält, den deutlich autobiographischen Zügen des ›kleinen Prinzen‹ tiefenpsychologisch nachzugehen.« (Drewermann, S. 6). Ein solcher Versuch ist als theoretische Übung zu sehen, die den

»Mythos ›Exupéry‹ auch nicht zerstört«, wie es Drewermann befürchtet, denn eine Dichtung oder ihr Schöpfer verliert nicht dadurch an Bedeutung, daß ein Psychologe sein Werk mit psychologischen Kategorien interpretiert.

Die Bedeutung des »Kleinen Prinzen« liegt für mich darin, daß dieses Werk mir in meinem Leben etwas zu sagen hat. In meiner »Interpretation« geht es also nicht um Saint-Exupéry, sondern um eine Lebensphilosophie, die man aus seinem Buch herauslesen kann, die einem helfen und sogar zu einer Lebensorientierung werden kann.

Und es spielt auch keine Rolle mehr, daß Saint-Exupéry nicht versucht, »die Gründe verständlich zu machen, aus denen heraus die ›großen Leute‹ sich zu den Monstrositäten ihres Daseins gezwungen sehen«, wie Drewermann ihm vorwirft. Saint-Exupéry hat in diesem Buch sein Herz geöffnet, er hat uns Einblick gewährt in seine Probleme und Sorgen und wie er damit umgeht. Er hat dabei eine Sprache und Bilder gefunden, die offensichtlich sehr viele Menschen ansprechen, denn sonst wäre die große Verbreitung dieses Buches wohl nicht zu erklären.

»Der Kleine Prinz« als Spiegel unserer Seele

Ich möchte nicht darüber spekulieren, ob es Saint-Exupéry wirklich darauf ankam, uns eine Lebensphilosophie zu vermitteln. Wenn es sein Ziel war, so hat er gerade dadurch, daß er uns keine direkten Ratschläge gegeben hat, einen wirksamen Weg gewählt: den Weg des »Selber-Entdeckens«. Ich habe in meinem Leben die Erfahrung gemacht, daß man sehr vorsichtig sein muß, den »großen Leuten« Tips zu geben, wie sie es schaffen könnten, die Zerrformen des Erwachsenseins zu vermeiden.

Der wichtigste Schritt zu einer Änderung unseres Verhaltens besteht ohne Frage darin, daß wir einen Spiegel vorgehalten bekommen, der uns erkennen läßt, daß unsere Persönlichkeit zu einer Zerrform geworden ist. Wenn wir diese Erkenntnis gewonnen haben, dann ist der Weg zu einer Veränderung unseres Verhaltens nicht mehr weit. Saint-Exupéry hält uns an vielen Stellen diesen Spiegel vor, und er zeigt uns darüber hinaus auch einen gangbaren Weg. Gerade aus dieser Überlegung sehe ich in dem Werk von Saint-Exupéry ein Buch, das ich auch ohne Scheu unter der Rubrik »Lebenshilfe« einordnen würde.

Saint-Exupéry gibt uns die Chance, in seinen Bildern unsere eigenen Wege zu finden. Denn nur dann, wenn ich meinen Weg zu einer Veränderung für mich selber entdecke, ist es mein Weg, und nur dann werde ich die Kraft besitzen, die Veränderung zu vollziehen. Bei jedem Weg, den andere mir empfehlen, werde ich – sobald Schwierigkeiten auftauchen – zweifeln, ob er richtig ist, denn es könnte doch sein, daß sich mein Ratgeber getäuscht hat. Natürlich kann auch ich mich täuschen, aber zu meinem eigenen Weg habe ich doch deutlich mehr Vertrauen.

Ich spreche über Erfahrungen aus meinem eigenen Leben und darüber, inwieweit man dieses Buch als lebensphilosophischen Wegweiser sehen

13

und begreifen kann. Vielleicht wird der »Kleine Prinz« dadurch auch für Sie zu einem Orientierungspunkt.

Kapitel I

Mein Weg zum
»Kleinen Prinzen«

»Die Erfahrung lehrt uns, daß die Liebe nicht darin besteht, daß man einander ansieht, sondern daß man in die gleiche Richtung blickt.«
Antoine de Saint-Exupéry

Der erste Kontakt mit dem Buch

M eine erste Begegnung mit dem »Märchen«, das für mich so viel Bedeutung gewinnen sollte, habe ich schon erwähnt. Meine sechs Jahre ältere Schwester Ute hat sie mir vermittelt, als ich noch ein Kind war. Ich kann mich heute nicht mehr daran erinnern, ob sie beim Vorlesen auf die Besonderheit dieses Märchens hingewiesen hat, worin es sich von anderen Märchen unterscheidet, und leider kann ich sie nicht mehr danach fragen. Aber alleine die Tatsache, daß meine Schwester Ute mir dieses Buch nahegebracht hat, war für mich etwas Besonderes, denn sie hat mir nur selten vorgelesen, und sie war mir ihr Leben lang besonders vertraut, mehr als eine Schwester: eine gute Freundin.

»Der Kleine Prinz« als Leitfaden meiner ersten Liebe

D ie nächste unvergeßliche Erinnerung hängt mit meiner ersten Liebe zusammen. Meine Freundin hat mir den »Kleinen Prinzen« geschenkt, als ich siebzehn Jahre alt war, ohne zu wissen, daß ich das Buch schon kannte und besonders schätzte. Ich war begeistert, daß auch sie dieses Buch liebte, und es wurde für uns zu etwas, das unsere Liebe stärken sollte, in gewisser Weise wurde es zum Leitfaden unserer Liebe.

Es war natürlich vor allem die Geschichte vom Fuchs, der vom »kleinen Prinzen« gezähmt wurde, die uns besonders angesprochen hat und die zur Metapher unserer Freundschaft wurde. Wir haben uns also gezähmt, so wie es im Buch beschrieben ist. Wir haben uns langsam »vertraut gemacht«.

16

Wir haben uns – bewußt oder unbewußt – der Führung des kleinen Mannes vom Asteroiden B 612 anvertraut. Wir haben uns sehr viel Zeit gelassen. Wir waren jung, das ganze Leben lag vor uns, obwohl wir uns, beide siebzehn Jahre alt, schon sehr erwachsen vorkamen.

»Wenn du einen Freund willst, so zähme mich!«
»Was muß ich da tun?« sagt der kleine Prinz.
»Du mußt sehr geduldig sein«, antwortete der Fuchs. »Du setzt dich zuerst ein wenig abseits von mir ins Gras. Ich werde dich so verstohlen, so aus dem Augenwinkel anschauen, ... aber jeden Tag wirst du dich ein bißchen näher setzen können ...« (S. 67)

Nähergekommen sind wir uns bei langen Spaziergängen durch die Wälder rund um München. Sie sind noch heute – fast vierzig Jahre später

17

– so lebendig in meiner Erinnerung, als wären wir erst gestern von ihnen heimgekehrt. Ganz langsam sind wir uns also nähergekommen. Es war ein Verliebtsein auf den zweiten Blick. Wir brauchten Jahre, bis aus unserer Bekanntschaft eine Freundschaft und dann eine große Liebe wurde.

Und wir haben in dieser Zeit gelernt, daß es »feste Bräuche geben muß«, daß man die Erwartungen des Partners nicht enttäuschen darf.

»Wenn du zum Beispiel um vier Uhr nachmittags kommst, kann ich um drei Uhr anfangen, glücklich zu sein.
Je mehr die Zeit vergeht, um so glücklicher werde ich mich fühlen. Um vier Uhr werde ich mich schon aufregen und beunruhigen; ich werde erfahren, wie teuer das Glück ist. Wenn du aber irgendwann kommst, kann ich nie wissen, wann mein Herz da sein soll ... Es muß feste Bräuche geben.« (S. 68)

»Jemanden lieben heißt, als einziger ein für die anderen unsichtbares Wunder sehen.«
François Maurice

Der behutsame Umgang mit der verletzbaren Seele

Damit sich das Herz öffnen kann, so könnte man hinzufügen, darf es keine oder nur sehr wenige enttäuschte Erwartungen geben. Es ist wie mit einer zarten Muschel, die sich mit einem dicken Panzer schützt. Wenn sie sich sicher fühlt, öffnet sie sich langsam. Wenn dann aber unvermittelt etwas kommt, das weh tut, oder von dem sie auch nur erwartet, daß es weh tun könnte, dann schließt sie sich sehr schnell wieder, und je öfter das passiert, desto längere Zeit muß vergehen, bis die Muschel bereit ist, sich das nächste Mal zu öffnen.

Für meine damalige Freundin und mich war es selbstverständlich, daß man bereit sein muß, sich zu öffnen, um echte Freundschaft und tiefempfundenes Glück zu erleben. Auch diesen Grundsatz haben wir als eine Lehre des »Kleinen Prinzen« gesehen, obwohl dieses Thema nie direkt angesprochen wird. Vielleicht ist diese Erkenntnis für uns – ohne daß wir es analysiert hätten – in der Figur des »kleinen Prinzen«, des sensiblen, kleinen Kindes selbst enthalten, das sich von den großen Leuten eben auch dadurch unterscheidet, daß es noch für alle Gefühle offen ist, daß es bereit ist, sie zu äußern und sogar danach zu leben.

Vielleicht ist es aber auch das Vorbild, das uns der Erzähler, der Pilot bzw. sein Schöpfer Saint-Exupéry, geliefert hat. Ein Erwachsener, der sich so schildert, als ob er alle Sensibilität der Kindheit in das Erwachsensein herübergerettet hat, der sich nicht scheut, eine rührselige Kindergeschichte zu erzählen, der keine Angst davor hat, daß die »großen Leute« diese Geschichte als »kindisch« abtun. Sollte es möglich sein, sein Herz offenzuhalten für zarte, manchmal kitschig anmutende Gefühle in dieser rauhen, nur auf den Vorteil des einzelnen ausgerichteten Welt? Wenn ja, dann am ehesten gemeinsam mit einem Partner in der etwas herausgehobenen und damit in gewisser Weise geschützten Welt einer Liebe.

Die Botschaft des »Kleinen Prinzen« lautete für uns: »Sei wie der ›kleine Prinz‹, und du wirst auf dieser Welt manchen Schmerz, aber auch sehr viele Glücksmomente erleben! Nur dann wirst du alles auskosten, was Menschsein bedeutet.«

»Man kann ein klarer Denker ohne Gefühl, aber kein starker, kühner Denker ohne dasselbe sein.«
Friedrich Maximilian von Ulinger

Vom Ausschalten der Gefühle

Wir wußten auch, daß wir – wie die meisten Menschen – die Möglichkeit hatten, unsere Gefühle zu unterdrücken, gewissermaßen auszuschalten. Wir hatten auch schon an uns erlebt, daß wir von dieser

Möglichkeit immer dann Gebrauch machten, wenn wir eine große Enttäuschung oder schmerzliche Gefühle ertragen mußten. Natürlich geschieht dies unbewußt, und ich möchte auch nicht behaupten, daß es bei allen Menschen auf die gleiche Weise geschieht. Wie sehr es aber für mich gilt, sollte ich viel später sehr deutlich erleben.

Normalerweise dauert dieser Zustand, in dem die Gefühle ausgeschaltet sind, nur wenige Minuten, Stunden oder Tage, je nach Schwere des Schmerzes oder je nach der Persönlichkeit des Betroffenen. Es gibt jedoch auch eine Reihe von Menschen, die diese Fähigkeit, nichts mehr an sich heranzulassen, als Dauerlösung »erkannt« haben. Ich habe einen Freund, der kommt mir so vor, als habe er vor vielen Jahren einmal beschlossen, daß er sich nie wieder öffnen wird, es sei denn, er hat sich vielleicht durch Alkohol in seinem Selbstbild vorübergehend »unverletzlich« gemacht.

Es bringt ja auch eine Reihe von Vorteilen, wenn man den »Gefühlsapparat« ausgeschaltet läßt: Wir sind nicht mehr so »empfindlich« und können von vernünftigen Überlegungen gesteuerte Entscheidungen treffen. Ohne Gefühle sind wir »männlich stark«, denn – so sagt man – ein Mann zeigt sich nie von Gefühlen »übermannt«. Wir Männer, so haben wir schon als Kinder gelernt, sind körperlich und emotional stark, deshalb weinen wir auch nicht – zumindest nicht, wenn es andere sehen können. Wir sind Experten im Nicht-Fühlen geworden und haben dies als Weg erkannt, uns zu schützen.

Müssen wir wieder zu Kindern werden, um aus dieser Haltung herauszukommen? Müssen wir wie der »kleine Prinz« werden, wenn wir diese Haltung aufgeben wollen?

Denn die Nachteile einer solchen Haltung liegen auf der Hand: Wer keine tiefen Gefühle zuläßt, wer nicht das Risiko des Schmerzes eingeht, der erlebt auch keine Glücksmomente mehr. Ohne die Bereitschaft zu tiefen Gefühlen wird man auch keine echten Freunde mehr finden, denn wenn wir nicht bereit sind uns zu öffnen, so wird niemand den Weg zu unserem Herzen finden. Natürlich kommt man auch so ganz gut durchs Leben: Man ist unabhängig, nur schwer verletzbar, den meisten in unserer

Umgebung überlegen – aber man ist einsam. Freilich läßt sich mit solchen Menschen trefflich über *Bridge, Golf, Politik* und *Krawatten* sprechen (S. 9), aber wohl weniger über Glück, Freundschaft und Liebe.

Nicht selten findet man unter solchen Menschen vor allem Männer, die diesen Mangel spüren und auf der Suche nach Gefühlen eine Beziehung nach der anderen eingehen, denn sie sind überzeugt, daß der Mangel an eigenen Gefühlen damit zu tun haben muß, daß sie noch nicht den richtigen Partner gefunden haben, der diese Gefühle auf Dauer auslösen kann.

Wie geht es Ihnen? Wann waren Sie das letzte Mal von Ihren »weichen« Gefühlen (der Zuwendung, der Liebe, der Ergriffenheit, nicht des Hasses oder der Wut) so »übermannt«, daß für Ihre Umwelt klar war, jetzt reagiert er/sie aus dem Gefühl heraus? Wann haben Sie das letzte Mal geweint? Wenn Ihre Antwort lautet: »Das weiß ich nicht mehr, es ist zu lange her« oder wenn sie lautet: »Als ich ein Kind war«, so gehören Sie vielleicht zu dieser Gruppe von Menschen, die irgendwann einmal ihre Gefühle ausgeschaltet haben. Vermissen Sie wirklich nichts?

Eine kürzlich veröffentlichte Untersuchung von McGill (zitiert nach DeAngelis*), S. 205) fand heraus:
Nur einer von zehn Männern hat einen Freund, mit dem er Themen wie Arbeit, Geld oder seine Beziehungen diskutiert.
Nur einer von mehr als zwanzig Männern hat einen Freund, mit dem er seine Gefühle zu sich selbst, Sex oder andere intime Themen diskutiert.

Wenn Sie zu einer dieser Gruppen von Menschen gehören und Sie sich angesprochen fühlen und vielleicht auch etwas vermissen, so kann Ihnen der »Kleine Prinz« einen Weg aufzeigen. Meiner Freundin und mir zeigte er einen wunderbaren Weg. Vieles für diesen Weg haben wir unbewußt aus dem Märchen übernommen. Wir haben auch vieles interpretiert, hinterfragt und diskutiert, etwa wie der Fuchs das wohl gemeint haben könnte: »ich habe die Farbe des Weizens gewonnen« oder warum der »kleine

*) DeAngelis: »Happy Moments«

Prinz« seine Rose verlassen hat. Wir haben uns dem »Kleinen Prinzen«
also auch über den Verstand genähert.

*»Wenn Du irgendwann kommst, kann ich nie wissen, wann mein Herz da
sein soll... Es muß feste Bräuche geben.«*
Antoine de Saint-Exupéry

Das Glück der ersten Jahre

Die »festen Bräuche« oder wie wir es verstanden: »das Bestreben, die
Erwartungen des Partners nicht zu enttäuschen«, war die erste Lektion, die wir aus dem »Kleinen Prinzen« lernten, und es war eine sehr wichtige Lektion, an die ich mich noch heute zu halten versuche.

Mit achtzehn haben wir uns heimlich verlobt. Wir hatten uns für ein
paar Mark Ringe gekauft, die wir natürlich nicht offen trugen, denn wir hatten Angst vor der Reaktion der Freunde und der Eltern. Aber es muß nicht
nur »feste Bräuche«, sondern auch »Symbole« und »Signale« geben, an
denen man Dinge wie Freundschaft und Liebe festmachen kann.

Zwei Jahre später glaubten wir dann stark genug zu sein, um unsere
festen Absichten aller Welt offenbaren zu können: Wir verlobten uns offiziell, heirateten aber erst zwei Jahre später. Das erste Kind, ein Sohn, den
wir Jan-Peter nannten, kam dann weitere zwei Jahre später, und nach noch
einmal zwei Jahren wurde unsere Tochter Beatrix geboren.

Wir hatten unser Glück gefunden. Es war gewachsen durch die Behutsamkeit, in der unsere Liebe gewachsen war, und es hatte auch Jahre später in unserer Ehe Bestand durch den Leitfaden, den wir im »Kleinen Prinzen« gefunden hatten. Wir waren überzeugt, daß unsere Liebe etwas
Einmaliges, Einzigartiges darstellte, nicht zuletzt deshalb, weil für uns der
Partner jeweils der einzige Partner seines Lebens war. Oft fragten wir uns,
warum wir so viel Glück hatten, und wir fürchteten uns etwas vor dem
Absturz aus diesen schwindligen Höhen des Glücks. Oft kamen uns einige

Zeilen aus einem Gedicht von Friedrich von Schiller in den Sinn, das wir noch aus der Schulzeit kannten: »Der Ring des Polykrates«:

Der sehr reiche und glückliche Polykrates findet einen wertvollen Ring, den er absichtlich ins Meer geworfen hatte, um seine Götter zu besänftigen, im Bauch eines Fisches wieder.

Das hört der Gastfreund mit Entsetzen.
»Fürwahr, ich muß Dich glücklich schätzen!
Doch«, spricht er, »zittr' ich für dein Heil.
Mir grauet vor der Götter Neide;
des Lebens ungemischte Freude
ward keinem Irdischen zuteil«.

Friedrich Schiller, aus: Der Ring des Polykrates

»Wenn man das Dasein als Aufgabe betrachtet, dann vermag man es immer zu ertragen.«
Marie von Ebner-Eschenbach

Der erste Schicksalsschlag

Wir fürchteten der Götter Neid, als ob wir Vorahnungen hatten. Es war uns durchaus bewußt, daß es in unserem großen Bekanntenkreis kein Paar gab, das so glücklich war wie wir – und das schon so lange Zeit. Als sich dann der erste Schicksalsschlag einstellte, empfanden wir ihn fast als Bestätigung unserer Erwartungen: Unser Sohn war ohne Hoden zur Welt gekommen. Während man uns zuerst zu beruhigen versuchte, die würden aus der Bauchhöhle herunterwachsen, stellte sich, nachdem er alt genug war und man die entsprechenden Untersuchungen machen konnte heraus, daß sie gar nicht angelegt waren. Ein Geburtsfehler!

Zuerst waren wir völlig zerbrochen. All unser Glück war zerstört. Wie konnten wir jemals wieder glücklich sein? Ein Freund aus Kindertagen, ein Arzt, wies mir eine Möglichkeit, wie ich damit umgehen könnte:

»Schau«, so sagte er, »es gibt auf 100 000 Geburten einen solchen Fall. Ist es da nicht vom Schicksal gut eingerichtet, daß gerade ihr dieses Kind bekommen habt? Ihr seid so glücklich, strahlt so viel Harmonie aus, daß ein Kind mit einem Handicap, das besonders viel Geborgenheit braucht, gerade bei euch gut aufgehoben ist. Hinzu kommt, daß du als angehender Psychologe (ich war gerade mitten in meinem Psychologiestudium) deinem Sohn sicher besser als andere helfen kannst, trotzdem ein erfülltes Leben zu führen.«

Es war das erste Mal, daß ich bewußt erlebte, welchen Einfluß die Einstellung zum Schicksal auf das eigene Erleben hat. Es sollte das Thema werden, auf das ich mich in meinem Studium konzentrierte und das auch später meinen Beruf wesentlich bestimmen sollte. Auch daran hatte der »Kleine Prinz« großen Anteil, denn in vielen Geschichten führt er uns vor Augen, daß wir unsere Einstellung – die typische Einstellung der »großen Leute« – doch auch überdenken könnten.

Einen Schicksalsschlag als Herausforderung zu begreifen, als Chance, sich und seiner Umwelt zu zeigen, was in einem steckt, daß man in der Lage ist, selbst mit schwierigen Aufgaben fertigzuwerden, das war ein Gedanke, der mir in dieser Situation sehr geholfen hat.

Ich fand diesen Gedanken auch in Abhandlungen über den Shintoismus beschrieben, einer Form des Buddhismus, der im 16. und 17. Jahrhundert die meisten Japaner angehörten. Es machte auf mich einen starken Eindruck, daß die gläubigen Japaner Schicksalsschläge fast freudig begrüßten. Sie sahen darin eine Chance, sich zu bewähren, um so in einem späteren Leben eine höhere Stufe zu erlangen.

Ich glaube nicht an die Wiedergeburt, aber diese Deutung eines Schicksalsschlages kann man auch ohne diesen Glauben annehmen. Ich fragte mich, ob das »nächste Leben« nicht auch das Leben nach dem Schicksalsschlag sein könnte. Das würde bedeuten, daß man dann, wenn man sich an einem Schicksalsschlag bewährt, in dem sich anschließenden Leben eine höhere (Bewußtseins-)Stufe erreichen könnte, bewußter und vielleicht auch erfüllter leben würde.

Ich ahnte noch nicht, daß der Geburtsfehler unseres Sohnes erst die Vorwarnung war und daß unvergleichlich Schlimmeres, eine viel größere »Chance zur Bewährung« auf mich wartete.

Der »Kleine Prinz« half uns dabei, mit der Belastung fertigzuwerden. Es war wieder der Fuchs, der uns die Dinge richtig zu sehen lehrte. Er schenkte dem »kleinen Prinzen« ein Geheimnis:

»Es ist ganz einfach: Man sieht nur mit dem Herzen gut. Das Wesentliche ist für die Augen unsichtbar.« (S. 72)

Für uns war das vielleicht der wichtigste Satz in »unserem« Buch: Man sieht nur mit dem Herzen gut, und was wir mit dem Herzen sahen, war bezaubernd: Jan-Peter erschien uns als ganz besonderes Kind, besonders zart, besonders sensibel, anders als andere Kinder in seinem Alter, von einem anderen Stern, von einem Asteroiden?

Er war so empfindsam, daß er sich weigerte, mit den für das Alter typischerweise etwas raueren Jungen aus der Nachbarschaft zu spielen. Er hatte nur eine etwas ältere Freundin – übrigens die Tochter meiner Schwester Ute –, mit der er stundenlang spielte. Als Psychologe wußte ich, wie wenig typisch eine solche Freundschaft für ein Kind von drei Jahren ist. Eines Tages malte er mir ein Bild, auf dem ich nur zwei Berge oder Hügel zu erkennen vermochte, vielleicht mit einem kleinen Eingang.

Auf meine Frage, was das sei, antwortete er mir:

»Das ist die Höhle von dem Mungo und dem Bär. Der Bär wohnt in der großen Höhle, und er muß immer durch die Höhle des Mungo, die kleinere Höhle, um nach draußen zu gelangen. Das ist sehr praktisch, denn so sehen sie sich oft und werden gute Freunde.«

Ich hatte meinem Sohn noch nicht vom »Kleinen Prinzen« erzählt, er wußte also nichts von offenen oder geschlossenen Riesenschlangen, aber ich wurde sofort daran erinnert. Jan-Peter wußte als kleines Kind natürlich noch, daß man das Wesentliche nur mit dem Herzen und nicht mit den Augen sehen kann. Was ist diese Geschichte von dem Mungo und seinem

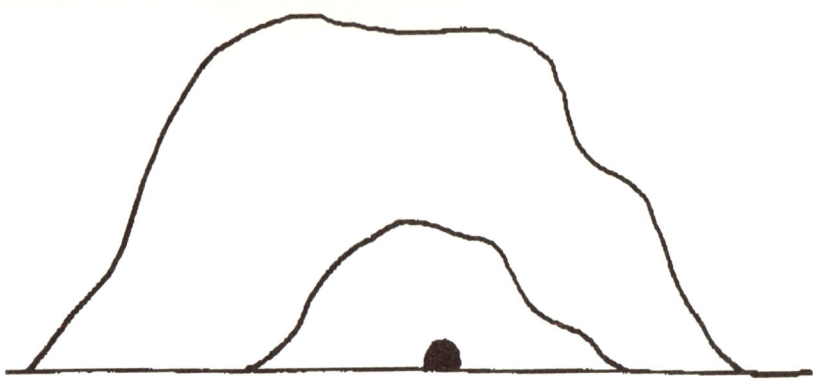

Freund, dem Bär, die man mit dem Herzen sehen kann, im Vergleich zu zwei belanglosen Hügeln, wie man sie mit den Augen sieht.

»Mit wilden Tränen alte Wunden verbunden,
und von weichen Armen zur Hoffnung getragen,
und wieder Mut zu Lieben gefunden«
Julie Wildfeuer

Das Glück kehrt zurück

Jan-Peter war inzwischen fünf Jahre alt, seine Schwester drei, und wir hatten uns mit der Tatsache abgefunden, daß wir ein Kind hatten, das eine besondere Aufgabe, eine Herausforderung für uns darstellte. Ich hatte einen Spezialisten für die Behandlung von Kindern ohne Hoden gefunden und mit ihm alles durchgesprochen. Ich hatte durch ihn auch Jugendliche kennengelernt, bei denen eine künstliche Pubertät eingeleitet worden war, so wie das mein Sohn in zehn Jahren würde erleben müssen. Unser Schicksal erschien uns nicht mehr so schlimm, denn wir sahen es als Aufgabe und sagten »Ja« zu ihr. Wir waren wieder glücklich, fast so glücklich wie früher.

26

Der Unfall

In den Winterurlaub fuhren wir, wie schon meine Eltern mit mir, nach St. Moritz. Nachdem es aber meinen Kindern im Jahr zuvor auf der Autofahrt schlecht geworden war, beschlossen wir, dieses Mal das Flugzeug als Reisemittel zunehmen. Es gab damals eine Linienverbindung zwischen München und dem Engadin. Damit wir aber trotzdem ein Auto im Urlaub zur Verfügung hätten, entschieden wir, daß ich mit unserem VW-Käfer fahren sollte. Allerdings hatte ich am Abreisetag, dem 6. März 1970, sehr starke Kopfschmerzen, und die Vorstellung, vier Stunden Auto zu fahren, war für mich nicht gerade verlockend. Ich rief also bei der Fluggesellschaft an, aber es war kein Platz mehr frei. Wie sich später herausstellte, hatte den letzten Platz ein Freund von mir, der damals wegen seiner vielen Schwabinger Lokale »König von Schwabing« genannte Anusch Samy, gebucht. Ich mußte also wohl oder übel mit dem Auto fahren.

Als ich am Nachmittag in St. Moritz ankam, war ich überrascht, daß meine Familie noch nicht auf mich wartete. Sie hätte lange vor mir eintreffen müssen. Mit einem Anruf am Flughafen wollte ich klären, warum meine Frau und meine Kinder noch nicht da waren und wann sie kommen würden. Es war laufend besetzt, und ich brauchte lange Zeit, bis ich durchkam, aber ich machte mir keine Sorgen. Ich war überzeugt, daß irgendein ärgerlicher Grund für eine Verspätung gesorgt hatte.

Als sich am Flughafen endlich jemand meldete und ich meine Frage nach dem Flug aus München losgeworden war, fragte mich mein Gesprächspartner am anderen Ende der Leitung, wer ich sei. Ich sagte ihm meinen Namen und daß ich meine Frau und meine zwei Kinder erwartete. »Es tut mir leid, Ihnen mitteilen zu müssen, daß das Flugzeug abgestürzt ist und alle Passagiere tot sind.« Ich werde diese Worte aus dem Telefonhörer nie vergessen. Ich glaube nicht, daß ich noch einen Ton gesagt habe. Ich legte den Hörer auf die Gabel und sank, da wo ich stand, zusammen.

Man hört oft, daß Menschen, die eine schlimme Botschaft erhalten, davon berichten, daß sie diese Botschaft gar nicht glauben konnten. Ich wußte aber sofort, daß es die Wahrheit war, daß sich mein Leben gerade vollkommen verändert hatte und daß ich nun allein war. Ich sank auch nicht zusammen, weil mir schwindlig geworden war oder weil ich mich auch nur benommen fühlte. Ich war hellwach. In meinem Kopf drehte sich alles um die Fragen: Was bedeutet das jetzt für mein Leben? Was muß ich jetzt tun? Ich war zusammengesunken, weil ich einfach keine Kraft mehr hatte.

Nach ein paar Minuten stand ich wieder auf und reagierte wie ein Roboter. Ich tat, was zu tun war: zum Flughafen fahren, um Näheres zu erfahren, meine Eltern und die meiner Frau benachrichtigen, mit dem Unfallarzt Kontakt aufnehmen, die Überführung nach München veranlassen usw. Ich kam mir selbst unheimlich vor: Wie war es möglich, daß ich so vernünftig reagieren konnte, daß ich überhaupt Auto fahren konnte, so als ob nichts passiert sei, nachdem ich soeben erfahren hatte, daß es meine Familie nicht mehr gibt?

»Die Familie ist das Vaterland des Herzens.«
Guiseppe Mazzini

Weiterleben ohne Familie

Ich glaube heute, ich konnte so reagieren, weil ich ohne Gefühl war. Es war, als ob jemand den Hebel gefunden und betätigt hatte, mit dem man meine Emotionen ausschalten konnte. Es lief bei mir der Mechanismus ab, der so lange unser Thema war, den wir aber natürlich nie mit solchen seelischen Verletzungen in Zusammenhang gebracht hatten.

Wenn man mich heute fragt, wie ich den Verlust meiner Familie überwinden konnte, so weiß ich keine Antwort, ich kann es selbst kaum begreifen. Heute, mehr als fünfundzwanzig Jahre später, wieder mit Kindern, wieder glücklich, kann ich mir nicht mehr vorstellen, wie man überhaupt einen solchen Schicksalsschlag ohne seelischen Schaden verkraften kann. Sicher hat mir damals mein Psychologiestudium geholfen. Ich kannte die psychischen Gefahren, die bei solchen Erlebnissen dem Betroffenen begegnen. Ich wußte, welchen Regungen ich nicht nachgeben durfte.

Es entwickelte sich zum Beispiel in mir die Phantasie, daß das alles gar nicht wahr wäre, daß man mir den Tod meiner Familie nur vormachte, weil man sie in Wirklichkeit entführt hatte. Diese Gedanken kamen von außen, so als ob es nicht meine eigenen wären. Aber diese Vorstellung war sehr attraktiv, und ich mußte alle Kraft zusammennehmen, um ihr zu widerstehen. Deshalb mußte ich auch meine Familie noch einmal sehen, obwohl der Unfallarzt mir dringend davon abgeraten hatte. Ich wußte, ich brauchte gewissermaßen einen Beweis, einen letzten Abschied – auch um diese Gedanken loszuwerden.

In dieser Zeit gab es für mich keinen Trost. Auch nicht vom »Kleinen Prinzen«. Es gab viele Menschen, die versuchten, mir zu helfen, aber sie waren alle selbst überwältigt von dem Gedanken daran, was mir passiert war. Sie hatten oft selber mit ihren Gefühlen zu kämpfen, manche begannen zu weinen, wenn ich ihnen nur begegnete und sie sich klarmachten, was geschehen war, oder wenn ich eine Bemerkung machte, die sich auf den Unfall bezog. Gerade die Menschen, die mir nahestanden, spürten wohl auch, daß ich nicht erreichbar war. Sie waren zurückhaltend, fast scheu, und mir war das sehr recht. Es konnte und sollte mich niemand mit seinen tröstenden Worten erreichen.

Der »Kleine Prinz« kehrt in mein Leben zurück: Ich habe die Farbe des Weizens gewonnen

Der »Kleine Prinz« trat etwa vierzehn Tage später wieder in mein Leben, völlig unerwartet, aber sehr intensiv: Die Beerdigung meiner Familie lag schon ein paar Tage zurück. Ich besuchte das Grab jeden Tag. Der Alltag hatte, soweit das möglich war, wieder Eingang gefunden. Eines Tages war ich unterwegs zu einem Arbeitskollegen. Der Weg führte mich an dem Friedhof vorbei, auf dem meine Familie lag, in Gedanken war ich allerdings bereits bei der Besprechung, die ich mit meinem Kollegen haben würde. Plötzlich überkam mich ein Gefühl von Wärme. Auf der Suche nach der Ursache für dieses Gefühl wurde mir bewußt: Ich fuhr gerade am Friedhof vorbei – aber wie kann ein Friedhof unbewußt ein solches Gefühl auslösen? Durch meine Familie hatte der Friedhof eine andere Wahrnehmungsqualität erfahren. Er waren die vielen Besuche am Grab, meine Gedanken an meine Familie, die sich mit diesem Ort verbunden haben. Ich habe nicht die *»Farbe des Weizens gewonnen«* (S. 70), wie der Fuchs, der sich damit beim Abschied des »kleinen Prinzen« tröstet, sondern ich habe den Friedhof gewonnen.

Mir kam sofort die Geschichte vom Abschied des »kleinen Prinzen« in den Sinn: Denn nachdem der »kleine Prinz« den Fuchs mit sich vertraut gemacht hatte, nahte eines Tages die Stunde des Abschieds.

»Ach!« sagte der Fuchs, »ich werde weinen.« (S. 68)

Der »kleine Prinz« fühlte sich schuldig, so wie man sich immer in Anwesenheit eines guten Freundes schuldig fühlt, wenn es dem anderen schlechtgeht, ganz besonders, wenn man für den Schmerz des Freundes verantwortlich ist.

»Das ist deine Schuld«, sagte der kleine Prinz, »ich wünschte dir nichts Übles, aber du hast gewollt, daß ich dich zähme ...«
»Gewiß«, sagte der Fuchs.
»Aber nun wirst du weinen!« sagte der kleine Prinz.
»Bestimmt«, sagte der Fuchs.
»So hast du also nichts gewonnen!«
»Ich habe«, sagte der Fuchs, »die Farbe des Weizens gewonnen.« (S. 70)

Die Weizenfelder waren für den Fuchs bis zu dem Zeitpunkt, an dem er dem »kleinen Prinzen« begegnete, bedeutungslos.

»Ich esse kein Brot. Für mich ist der Weizen zwecklos.« (S. 67)
Aber der »kleine Prinz« hatte weizenblondes Haar.

»Oh, es wird wunderbar sein«, sagte der Fuchs lange vor dem Abschied
des »kleinen Prinzen«, *»wenn du mich einmal gezähmt hast! Das Gold der
Weizenfelder wird mich an dich erinnern. Und ich werde das Rauschen
des Windes im Getreide liebgewinnen...«*

Das Englischlexikon

Ich hatte aber nicht nur den Friedhof gewonnen: Es gab so viel, das heute
durch meine Familie Bedeutung gewonnen hat, obwohl sie nicht mehr da
war. Die Spaziergänge oder die vielen Dinge, die mich an meine Kinder
erinnerten.

Als wir jung verliebt waren, ging ich noch zur Schule. Ich hatte immer
Schwierigkeiten mit den Noten. Vor allem für das Sprachenlernen war ich
nicht besonders begabt. Mike, meine damalige Freundin und erste Frau,
half mir, so gut es ging. Sie fragte mich aus, und eines Tages erfüllte sie mir
einen besonderen Wunsch:

Wir hatten ein Buch, in dem die Englisch-Vokabeln zusammengefaßt
waren, die wir bis zum Abitur wissen sollten. Wenn ich nun ein Wort im
Lexikon nachschlug, so war es wichtig für mich zu wissen, ob es sich um
ein sehr seltenes Wort handelte, das ich nicht unbedingt zu wissen brauchte, oder ob es sich um eines der Worte handelte, die ich zum Abitur
brauchte. Ich stellte mir vor, wie nützlich es für mich wäre, wenn alle die
Worte aus dem Buch in meinem Lexikon unterstrichen wären. Mike erfüllte mir diesen Wunsch, sie unterstrich alle Worte des Vokabelbuches in meinem Lexikon, obwohl diese Arbeit sie mehrere Wochen beanspruchte.

Noch heute verwende ich dieses Englischlexikon, obwohl es inzwischen schon vierzig Jahre alt und daher sicher nicht mehr aktuell ist, ganz
abgesehen davon, daß es in den Jahren doch sehr gelitten hat und ausein-

anderzufallen droht. Ich benutze es trotzdem gerne. Es ist eben mehr als nur irgendein Lexikon.

Vor einiger Zeit habe ich zufällig eine Anmerkung meiner damaligen Freundin gefunden: Sie hat zu dem Wort »wedding« dazugeschrieben: »No wedding today ...« ein Lieblingslied von uns aus jener Zeit. Und dann ganz klein darunter, in unserer Geheimschrift: »Ich liebe Dich.«

Ich hatte also meine Familie verloren, aber ich war reich an Erinnerungen. Ich hatte wirklich nicht nur die Farbe des Weizens gewonnen.

Der Brief aus Amerika

Das alles ging mir durch den Kopf auf dem Weg zu meinem Kollegen. Bald war ich bei ihm angekommen, und natürlich erzählte ich ihm nichts von meinen Empfindungen am Friedhof. Hätte ich denn hoffen können, daß er mich versteht?

Wir arbeiteten zusammen, wie wir es uns vorgenommen hatten. Ich war wohl nicht sehr konzentriert, aber mein Kollege war geduldig mit mir, wie das zu dieser Zeit alle Menschen waren, mit denen ich zu tun hatte.

Als ich spät am Abend nach Hause kam, fand ich im Briefkasten einen Brief eines sehr guten Freundes meiner Eltern, der zu unserem und speziell zu meinem Wahlonkel geworden war. Er lebte in Amerika, und es war der erste Kontakt zu ihm seit dem Unfall meiner Familie. Es fiel mir auf, daß der Brief sehr dick war. Es lag ein anderer Brief dabei, den meine Frau, lange bevor wir geheiratet haben, an ihn geschrieben hatte. Sie beschrieb darin unsere Liebe, und sie gebrauchte das Bild vom »kleinen Prinzen«, wie er den Fuchs trifft und ihn zähmt.

»Komm und spiel mit mir«, schlug ihm der kleine Prinz vor. »Ich bin so traurig...«
»Ich kann nicht mit dir spielen«, sagte der Fuchs. »Ich bin noch nicht gezähmt!« (S. 65)

In der Beziehung zwischen meiner Frau und mir hatte wohl meine Frau die Rolle des »kleinen Prinzen«, und ich war in der Rolle des Fuchses. Ich war derjenige, der noch zurückhaltend, spröde war, der sich gegen eine engere Beziehung wehrte, vielleicht sogar Angst davor hatte.

Meine Frau schilderte also unserem gemeinsamen Freund in Amerika in diesem Brief, den ich jetzt in meinen Händen hielt, wie wir uns kennengelernt haben, wie wir uns langsam und behutsam gezähmt haben.

»Was bedeutet das: ›zähmen‹?« fragte der »kleine Prinz« nach einiger Zeit der Überlegung. Und etwas später erhielt er vom Fuchs auch die Antwort:

»Das ist eine in Vergessenheit geratene Sache«, sagte der Fuchs. »Es bedeutet: sich ›vertraut machen‹.«
»Vertraut machen?«
»Gewiß«, sagte der Fuchs. »Noch bist du für mich nichts als ein kleiner Junge, der hunderttausend kleinen Jungen völlig gleicht. Ich brauche dich nicht, und du brauchst mich ebensowenig. Ich bin für dich nur ein Fuchs, der hunderttausend Füchsen gleicht. Aber wenn du mich zähmst, werden wir einander brauchen. Du wirst für mich einzig sein in der Welt. Ich werde für dich einzig sein in der Welt...« (S. 66)

Der »Kleine Prinz« schenkt mir Trost

Meine Frau zitierte den »Kleinen Prinzen« noch weiter, bis zu der Stelle, an der die Sache mit den festen Bräuchen beschrieben wird. Natürlich hat sie nicht den Abschied des »Kleinen Prinzen« vom Fuchs erwähnt. Wir dachten damals nicht an Abschied, damals, als unsere Liebe gerade langsam, »geduldig« wuchs. Damals, als wir gerade lernten, welche Rolle »feste Bräuche« in einer Liebesbeziehung spielen können. Damals, als wir lernten, daß Glück wohl immer »teuer« erworben, vielleicht erkämpft werden muß, weil es erst dadurch seinen besonderen Wert erhält. Damals, als wir erfuhren, daß man die wichtigen Dinge im Leben, die einem wirklich etwas bedeuten, nicht kaufen kann. Ein Mensch, aber auch ein Haustier oder sogar ein Ding – vielleicht sogar ein Gedanke – wird dadurch für uns wertvoll, daß wir ihm Zeit und Energie widmen, daß wir uns demjenigen (oder der Sache) hingeben und unser Herz öffnen.

Und der »Kleine Prinz« hat uns schon sehr früh gelehrt, daß die Sprache die Quelle von Mißverständnissen ist. In der Liebe, so sagt Pascal, gilt Schweigen oft mehr als Sprechen. Es gibt eine Beredsamkeit des Schweigens, die tiefer eindringt, als es das Sprechen könnte. Wir wußten durch das Buch von Saint-Exupéry, daß es in einer Beziehung nicht darauf ankommt, was einer sagt, sondern was er tut. Das kleine Geschenk, der Zettel auf dem Bett, die Botschaft am Spiegel im Bad oder auf dem Rand der Zeitung, die Tafel Schokolade, wenn man erschöpft von einer Reise zurückkehrt. All dies und noch viel mehr haben wir aus dem »Kleinen Prinzen« gelernt, und es hat uns in unserer Liebe begleitet und sie wachsen lassen. Und jetzt mußte ich ohne diese Liebe leben. Konnte ich das?!

Der Brief aber erschien mir als Brief meiner verstorbenen Frau an mich, den sie geschrieben hat, um mir zu sagen, daß mir unser »Kleiner Prinz« Trost schenken wird, auch dann, wenn sie und unsere Kinder nicht mehr da sind: Ich habe doch die Farbe des Weizens gewonnen.

»Man läuft Gefahr, ein bißchen zu weinen, wenn man sich hat zähmen lassen ...« (S. 81)

Dies war vielleicht die wichtigste Lektion, die ich von Saint-Exupéry gelernt habe; aber es gab noch eine Reihe weiterer Lehren aus seinem Buch, die mich in meinem Leben begleiteten, mir den Weg wiesen oder Trost boten.

Kapitel II

»Das Wesentliche
ist für die Augen unsichtbar«

Die Riesenschlange

Der Kleine Prinz« von Saint-Exupéry beginnt mit einer drolligen Geschichte von seiner ersten Zeichnung. Er wurde zu der Zeichnung angeregt, nachdem er in einem Buch gelesen hatte, daß die Boas ihre Beute als Ganzes verschlingen.

Ich habe den großen Leuten mein Meisterwerk gezeigt und sie gefragt, ob ihnen meine Zeichnung nicht angst mache.
Sie haben mir geantwortet: »Warum sollen wir vor einem Hut Angst haben?«
Meine Zeichnung stellte aber keinen Hut dar. Sie stellte eine Riesenschlange dar, die einen Elefanten verdaut. (S. 8)

Diese Metapher habe ich zuerst nicht verstanden, vielleicht weil sie zu offensichtlich war. Aber Saint-Exupéry hat das wohl vorausgesehen, und er bietet uns gleich im nächsten Kapitel noch eine Geschichte an, die – wie ich meine – das gleiche aussagen soll.

Das Schaf in der Kiste

Der Erzähler mußte mit seinem Flugzeug in der Wüste notlanden. An seinem Motor war etwas kaputt. Er machte sich an die Reparatur und hat die erste Nacht im Sand schlafend verbracht. Bei Tagesanbruch wurde er von einer seltsamen, kleinen Stimme geweckt:

»Bitte ... zeichne mir ein Schaf!«
»Wie bitte?«
»Zeichne mir ein Schaf ...« (S. 9)

Er beschreibt uns in eindrucksvollen Worten, wie groß seine Überraschung war, tausend Meilen von jeder bewohnten Gegend, mitten in der Wüste, einem kleinen Jungen zu begegnen. Völlig unbegreiflich dabei war für ihn, daß er nicht halbtot vor Müdigkeit, Hunger, Durst oder Angst war und daß er nichts Wichtigeres zu sagen hatte, als daß man ihm ein Schaf zeichnen soll. Zuerst wehrt sich unser Pilot gegen dieses Ansinnen, zumal er der Überzeugung ist, daß er nicht zeichnen kann. Aber:
Wenn das Geheimnis zu eindrucksvoll ist, wagt man nicht zu widerstehen. (S. 10) Und so zeichnet er ein Schaf, nachdem er zuvor dem kleinen Jungen, seinem »kleinen Prinzen« die geschlossene Riesenschlange gezeigt hatte und er sofort den Elefanten in der Schlange erkannte, ganz im Gegensatz zu allen großen Leuten, denen er bisher die Zeichnung vorgelegt hatte.

Die Versuche, ein Schaf zu zeichnen, mißlangen. Der »kleine Prinz« war mit mehreren Versuchen nicht einverstanden. Entweder war das Schaf zu krank oder ein Widder oder zu alt. Schließlich zeichnete unser Pilot eine Kiste mit drei kleinen Löchern zum Atmen und *knurrte dazu:*
»Das ist die Kiste. Das Schaf, das du willst, steckt da drin.«
Zu seiner Überraschung war der »kleine Prinz« mit dieser Zeichnung einverstanden:

»Das ist ganz so, wie ich es mir gewünscht habe.« (S. 12)

37

Und etwas später:

»... Aber sieh nur! Es ist eingeschlafen ...« (S. 13)

Offensichtlich war Saint-Exupéry dieses Gleichnis besonders wichtig. So wichtig, daß er uns später, fast schon am Ende des Buches die Auflösung liefert.

»Man sieht nur mit dem Herzen gut«

Als sich der »kleine Prinz« von dem Fuchs verabschiedet, schenkt ihm der Fuchs ein Geheimnis:

»Es ist ganz einfach: man sieht nur mit dem Herzen gut. Das Wesentliche ist für die Augen unsichtbar.«

Oder um es so auszudrücken, wie es weniger poetisch die Psychologen beschreiben: Was ist, ist, erst unser Dazutun, die Bedeutung, die wir den Dingen geben, bestimmt unser Erleben.

Wir bemühen uns immer, den objektiven Gehalt der Dinge zu erkennen, und wir diskutieren mit Freunden oder Gegnern, wie dieser objektive Gehalt wohl aussieht. Dabei ist es für uns nur wichtig, welche Bedeutung wir persönlich den Dingen geben, von dieser Bedeutung her bestimmt sich unser Erleben.

Wir überschätzen die Bedeutung der »objektiven« Realität im Gegensatz zu unserer »subjektiven« Gedankenwelt. Dabei werden wir doch von unseren Vorstellungen bestimmt. Unsere Gedanken können uns helfen, sie können uns unterstützen und dabei sehr nützen, aber sie können uns genauso sehr schaden, in unserer Entwicklung negativ beeinflussen, ein Leben voller Sorgen und Kummer bereiten.

Der berühmte Psychologe William James stellte fest:

»Unsere Gedanken haben eine ungeheure Macht. Es ist in unsere Entscheidung gelegt, diese Macht zu unserem Nutzen oder Schaden einzusetzen. Mit der Kraft der Gedanken bestimmen wir nicht nur über Gesundheit und Krankheit, sondern unsere Gedanken sind unser Schicksal. Das ist eine Gesetzmäßigkeit, der sich keiner entziehen kann; aber es ist gleichzeitig eine wunderbare Chance.«

Oder wie es der römische Kaiser und Philosoph Marc Aurel Jahrhunderte früher ausdrückte: »Gedanken sind es, die das Leben des Menschen glücklich oder unglücklich machen.«

»Wie doch Freude und Glück einen Menschen schönmachen!
Wie atmet im Herzen die Liebe!«
Fjodor M. Dostojewski

Ich habe meine Freundin mit dem Herzen gesehen

Mir wurde das an einem kleinen Erlebnis klar, das ich als junger Mann mit Mike hatte. Ich war so richtig verliebt. Mein Leben, ja die ganze Welt hatte Bedeutung gewonnen, denn ich hatte etwas, was mich ausfüllte. Auf einmal war mir klar, warum fast alle Schlager etwas mit Liebe zu tun hatten – darüber hatte ich mich als kleiner Junge immer sehr gewundert.

Natürlich schwärmte ich auch bei meinen Freunden von meiner großen Liebe. »Wem das Herz voll ist, dessen Mund läuft über«, pflegte meine Mutter immer zu sagen, und für mich galt das auf jeden Fall. Aber meinen Freunden gegenüber hätte ich lieber nichts von meiner Liebe erzählen sollen, denn sie sahen meine Freundin offensichtlich mit ganz anderen Augen: Ich fand sie schön, bezaubernd, herzlich, offen, liebevoll und vieles mehr. Meine Freunde fanden, sie habe Basedow-Augen, sei schnippisch, eher zurückhaltend, unzugänglich, verschlossen.

Darüber war ich sehr enttäuscht, fast begann ich daran zu zweifeln, ob ich in das richtige Mädchen verliebt sei. Natürlich war ich davon ausgegangen, daß meine Freunde das Mädchen meiner Träume genauso sehen müßten wie ich. Sie war doch wirklich so!? Könnte es sein, daß ich mich täusche? Stimmt es denn, was ich gehört hatte, daß Liebe blind macht? Ich war auf jeden Fall todunglücklich. Was sollte ich nur tun?

Wenn einen etwas stört, dann hat man immer zwei Möglichkeiten: Entweder man ändert die Gegebenheiten. In meinem Fall hätte das bedeutet, daß ich meine Freundin ändern müßte. Das kam für mich nicht in Frage. Oder man ändert seine Einstellung, man baut sich ein Gedankengebäude, in der die Realität und die störende Interpretation nicht mehr im Widerspruch stehen.

Das war meine Lösung, und wie ich später lernen sollte, war es für mich häufig die einfachere Lösung.

Es störte mich sehr, daß meine Freunde das Mädchen meiner Träume offensichtlich mit anderen Augen sahen als ich. Ich hatte mir also meine eigene Interpretation zurechtgelegt, durch die ich mit diesem Erlebnis umgehen konnte: die Freunde kannten meine Freundin nicht, nur ich wußte, wie sie wirklich war.

Bezüglich der unterschiedlichen Sichtweise ihrer Art, ihres Charakters war das ja auch eine jedem einsichtige Interpretation. Doch die Tatsache, daß meine Freunde meine Angebetete nicht so schön fanden wie ich, hat mich lange Zeit sehr irritiert. Ich fragte: Welche Rolle spielt für mich die Meinung meiner Umgebung? Wie kann ich es schaffen, von dieser Meinung unabhängig zu werden? Es sind dies Fragen, die mich noch heute bewegen. Hinzu kommt die Frage: Bis zu welchem Ausmaß muß man oder darf man von der Meinung seiner Umwelt unabhängig sein?

Die Rose des »Kleinen Prinzen« als Trost

Aber auch bei den Zweifeln über die Attraktivität des Mädchens meines Herzens konnte mir der »Kleine Prinz« Hilfe bieten:

Eines Tages erglühte eine Rose auf dem Planeten des »kleinen Prinzen«. *»Wie schön Sie sind!«* (S. 29) begrüßte er sie voller Bewunderung. Obwohl er seine Rose ganz offensichtlich liebte, hat sie ihn *sehr bald schon mit ihrer etwas scheuen Eitelkeit gequält.* (S. 30)

Er mußte sie von morgens bis abends bedienen, vor allem vor Zugluft schützen, da sie ja so empfindlich ist, und trotzdem hat sie ihm mit ihrem Husten immer wieder Gewissensbisse aufgenötigt.

So hatte der kleine Prinz trotz des guten Willens seiner Liebe rasch an ihr zu zweifeln begonnen, ihre belanglosen Worte bitter ernst genommen und war sehr unglücklich geworden. (S. 31)

»...Die Blumen sind so widerspruchsvoll! Aber ich war zu jung, um sie lieben zu können«, vertraute der »kleine Prinz« dem Flieger an. Er verließ dann seinen Planeten wegen der Rose, und nach einer längeren Reise, bei der er mehrere andere Planeten besuchte, kam er auf die Erde. Dort traf er auf einen ganzen Rosengarten. Alle diese Blumen glichen seiner Blume auf seinem Planeten.

Und er fühlte sich sehr unglücklich. Seine Blume hatte ihm erzählt, daß sie auf der ganzen Welt einzig in ihrer Art sei. Und siehe! da waren fünftausend davon, alle gleich, in einem einzigen Garten. (S. 62)

Und etwas später sagte er sich noch:

Ich glaubte, ich sei reich durch eine einzigartige Blume, und ich besitze nur eine gewöhnliche Rose. ...
Und er warf sich ins Gras und weinte. (S. 64)

In diesem Augenblick erschien der Fuchs.

Und der Fuchs machte ihm klar, daß es einen großen Unterschied zwischen seiner Rose auf dem Planeten und den Rosen in dem Garten gibt. Und nachdem er das verstanden hatte, ging er, so wie es ihm der Fuchs geraten hatte, zurück zu den Rosen im Garten.
»Ihr gleicht meiner Rose gar nicht, ihr seid noch nichts«, sagte er zu ihnen. »Niemand hat sich euch vertraut gemacht, und auch ihr habt euch niemandem vertraut gemacht.« (S. 70)

Und so wurde mir klar, daß es nicht darauf ankam, ob meine Freundin von allen anderen so gesehen wurde wie von mir. Es kam einzig darauf an, daß wir uns »gezähmt« hatten. Meine Liebe zu ihr machte sie schön, und nur auf diese Schönheit kam es letztlich an.

Die unsichtbare Schönheit

Das Geheimnis der Schönheit wurde mir auf den letzten Seiten des Buches von Saint-Exupéry bewußt:
Der Pilot hatte bereits acht Tage in der Wüste verbracht. Die Wasservorräte waren aufgebraucht, und der Motor immer noch nicht repariert.
Der »kleine Prinz« erriet seine Gedanken und sagte:
»Ich habe auch Durst ... suchen wir einen Brunnen ...«
Und obwohl es hoffnungslos zu sein schien, *auf gut Glück in der Endlosigkeit der Wüste einen Brunnen zu suchen* (S. 75), machten sie sich auf den Weg.

Es war Nacht geworden. Beide waren müde und setzten sich in den Sand:
»Die Sterne sind schön, weil sie an eine Blume erinnern, die man nicht sieht ...« sagte der »kleine Prinz« und dachte ganz offensichtlich an seine Rose. Und etwas später fügte er hinzu:

»Die Wüste ist schön« ....
*»Es macht die Wüste schön«, sagte der kleine Prinz, »daß sie irgendwo
einen Brunnen birgt.«*
*Ich war überrascht, erzählt uns der Pilot, dieses geheimnisvolle Leuchten
des Sandes plötzlich zu verstehen. Als ich ein kleiner Knabe war, wohnte
ich in einem alten Haus, und die Sage erzählte, daß darin ein Schatz ver-
steckt sei. Gewiß, es hat ihn nie jemand zu entdecken vermocht, vielleicht
hat ihn auch nie jemand gesucht. Aber er verzauberte dieses ganze Haus.
Mein Haus barg ein Geheimnis auf dem Grunde seines Herzens ...*
*»Ja«, sagte ich zum kleinen Prinzen, »ob es sich um das Haus, um die Ster-
ne oder um die Wüste handelt, was ihre Schönheit ausmacht, ist unsichtbar!«* (S. 76)

Auch was die Schönheit von Mike ausmachte war unsichtbar und für
meine Freunde auch nicht zu erkennen. Die Schönheit meiner Freundin
war erwachsen aus den vielen gemeinsamen, wunderschönen Erlebnissen,
aus meiner Liebe zu ihr, aus unseren Gesprächen.

*»Die Menschen bei dir zu Hause«, sagte der kleine Prinz, »züchten
fünftausend Rosen in ein und demselben Garten ... und doch finden sie
dort nicht, was sie suchen ...«* *»Sie finden es nicht«, antwortete ihm der
Pilot. »Und dabei kann man das, was sie suchen, in einer einzigen Rose
oder in ein bißchen Wasser finden ...«*
Und der kleine Prinz fügte hinzu:
»Aber die Augen sind blind. Man muß mit dem Herzen suchen.« (S. 79)

Die Zeit, vor allem die glücklichen Zeiten, die wir miteinander verbracht haben, macht uns so wichtig füreinander. Diese Erkenntnis hat eine
ganz besondere Bedeutung für mich gewonnen, denn darin sehe ich den
Schlüssel für eine lang andauernde glückliche Beziehung. Wie leicht passiert es in einer Ehe, daß die Sorgen, die Kümmernisse, die tägliche Routi-
ne überhand nehmen und daß Tage vergehen, in denen man eigentlich

keine Zeit wirklich »miteinander« verbracht hat, in denen man nur nebeneinanderher gelebt hat.

»Der Mensch ist gerade so glücklich, wie er sich zu sein entschließt.«
Abraham Lincoln

Wir sind für unsere Gefühle verantwortlich

Wir müssen dafür sorgen, daß wir mit unserem Partner immer genug schöne, gemeinsame Erlebnisse haben, dann werden wir auch immer den Wunsch haben, mit diesem Partner zusammensein zu wollen. Man ist für seine Gefühle verantwortlich, man darf nicht glauben, daß die Gefühle etwas sind, das einem zufliegt und wieder wegfliegt, ohne daß wir etwas dazutun können.

Um das zu verdeutlichen, eine kleine Geschichte von S. R. Covey *): Covey ist Autor von vielgelesenen Selbsthilfebüchern und ein hochbezahlter Referent. Er sprach einmal von den Pflichten, die man in einer Beziehung hat. Da kam einer seiner Zuhörer zu ihm und sagte:

»Das ist sicher alles richtig, was Sie sagen! Aber letztlich ist doch jede Situation anders. Sehen Sie z. B. meine Ehe. Ich mache mir wirklich Sorgen. Meine Frau und ich haben einfach nicht mehr die Gefühle füreinander, die wir früher hatten. Ich vermute, ich liebe sie einfach nicht mehr und sie liebt mich auch nicht mehr. Was kann man da tun?«

Covey: »Die Gefühle sind nicht mehr da?«

»Ja, das stimmt. Und wir haben drei Kinder, um die wir uns wirklich Sorgen machen. Was würden Sie vorschlagen?«

Covey: »Lieben Sie Ihre Frau!«

---

*) S. R. Covey: *»The 7 Habits of Highly Effective People.«* New York 1989, S. 79

44

»Ich sagte doch schon, die Gefühle sind einfach nicht mehr da.«

Covey: »Lieben Sie Ihre Frau!«

»Sie verstehen nicht: Das Gefühl der Liebe ist nicht mehr da.«

Covey: »Dann lieben Sie sie. Wenn die Gefühle nicht mehr da sind, dann ist das ein guter Grund, sie zu lieben.«

»Aber wie kann man jemanden lieben, den man nicht liebt?«

Covey: »Mein Freund, lieben ist ein Verb, eine Tätigkeit. Die Liebe – das Gefühl – ist die Frucht des Liebens, des Tuns. So lieben Sie sie. Schenken Sie ihr etwas, das für Sie ein Opfer bedeutet, seien Sie ihr zu Diensten, hören Sie ihr zu, fühlen Sie sich in sie ein, schätzen Sie sie, bestätigen Sie sie usw.«

Auch in der Ehe mit meiner heutigen Frau Elke habe ich die Verantwortung für meine Gefühle zu ihr übernommen. Ich habe mir klargemacht, daß unsere Partnerschaft das wichtigste »Kapital« auf dem Weg zu Glücksmomenten ist, und daß eine Trennung die schlimmste Quelle für Unglück und Verzweiflung darstellen würde. Eine Trennung brächte darüber hinaus sehr viel Unglück über unsere Kinder, belastete ihr ganzes Leben erheblich und würde nicht zuletzt viel Geld kosten. Unsere Liebe zu erhalten und zu pflegen, so sagte ich mir, ist mein wichtigstes »Projekt«, und ich werde alles Wissen und alle Energie darauf investieren, um sie zu erhalten.

Nun könnte man denken, das sei nun aber die Argumentation der »großen Leute«. Wie kann man eine Liebe mit einem Projekt vergleichen und in diesem Zusammenhang von »Kapital« und »Geld« sprechen?

Vielleicht stellt diese Argumentation eine Rechtfertigung des spontanen, gefühlsorientierten Menschen dar, der auch dieses Buch schreibt. Diese Rechtfertigung hat er nötig gegenüber seinem vernünftigen, verantwortungsvollen Ich. Dieses versucht seinen anderen Seelenteil vor zu viel Sentimentalität zu bewahren und ihn immer wieder auf den Boden der Tatsachen zurückzubringen. Diese Art der Argumentation tritt vor allem dann in Aktion, wenn z. B. mein Schreibtisch im Büro voller dringlicher Arbeit liegt und mein spontanes, gefühlsorientiertes Ich beschließt, mit meiner Frau an den Tegernsee zu fahren. Ohne Argumentation dieser Art würde ich das nur mit einem schlechten Gewissen tun können. Doch solche rationalen Entscheidungen sind wichtig, um das Gefühl der Liebe zu schützen.

Eine Ehe kann man nur »retten«, solange sie intakt ist, das heißt solange es eigentlich nichts zu retten gibt. Man muß die Liebe lebendig halten, solange noch etwas da ist, das man lebendig halten kann.

Kapitel III

Der Affenbrotbaum

»Achte auf deine Gedanken, denn sie werden Worte.
Achte auf deine Worte, denn sie werden Handlungen.
Achte auf deine Handlungen, denn sie werden Gewohnheiten.
Achte auf deine Gewohnheiten, denn sie werden dein Charakter.
Achte auf deinen Charakter, denn er wird dein Schicksal.«
Verfasser unbekannt

Ich falle in ein Loch

Kennen Sie das Gefühl, daß man alle Kraft verloren hat, niemand da ist, der einem hilft, das Gefühl des Verlorenseins, der Hoffnungslosigkeit? Man bemüht sich so sehr man kann, und doch gelingt nichts? Ich kann mich an Zeiten erinnern, die genau so zu beschreiben waren. Es schien so, als ob es nur Probleme um mich herum gäbe: Beruflich erlitt ich Rückschlag über Rückschlag: Aufträge, mit denen ich schon sicher gerechnet hatte, wurden zurückgezogen, neue Aufträge waren nicht in Sicht, und alle Maßnahmen, die früher in solchen Situationen geholfen hatten, erwiesen sich als wirkungslos. Dabei hatte ich den Eindruck, daß die schlimmsten Zeiten noch vor mir lägen. Wenn das so weiterginge, und vieles sprach dafür, wüßte ich mir nicht mehr zu helfen.

Aber auch privat ging es nicht besser: Der Unfall meiner Familie lag schon einige Jahre zurück, und ich hatte inzwischen wechselnde Freundinnen. Doch auch meine damalige Freundin war keine Frau fürs Leben, davon war ich schon seit einigen Wochen überzeugt, aber ich fand nicht die Kraft, mich von ihr zu trennen. Im Gegenteil: ich wurde eifersüchtig, als sie auf einmal – so schien es mir wenigstens – weniger Zeit für mich hatte als früher.

Ich hasse mich, wenn ich eifersüchtig bin. Ich habe mir auch vor vielen Jahren einmal klargemacht, daß man mit Eifersuchtsszenen niemanden halten kann. Aber wenn sowieso alles aus der Bahn läuft, woher soll man da die Kraft nehmen, seine Eifersucht zu bekämpfen, dann kann man sein Schicksal ohnehin nicht aufhalten – so glaubte ich jedenfalls damals.

Ich fühlte mich, als wäre ich in ein Loch gefallen, hilflos, so wie ich hilflos war, als ich in meiner Jugend für längere Zeit im Streckverband an das Krankenhausbett gefesselt war. Das ganze Leben schien mir aus den Händen zu gleiten.

»Mitleid ist wie Gift oder Medizin:
Geringe Dosen können sehr hilfreich sein,
zu hohe Dosen schaden uns.«
Verfasser unbekannt

Die »hilfreichen« Leidensgenossen

Zum Glück (?!) traf ich in dieser Situation ein paar Menschen, denen es ebenfalls schlecht ging. Es tut gut, wenn man Leidensgenossen findet und sich austauschen kann. Ich lernte auch eine neue Frau kennen, die bereit war, meine Probleme und meine Stimmungen zu ertragen. Endlich hatte ich jemanden gefunden, der mich in gleichem Maße bedauerte, wie ich selbst. Ich konnte mich fallenlassen, ich konnte jammern und bekam dadurch nicht weniger Zuwendung, sondern – wie mir schien – eher mehr.

Natürlich gab es Freunde, die mir rieten, doch nicht den Kopf hängen zu lassen, das Leben wieder positiver zu sehen. Doch wie sollte ich Dinge, die schrecklich waren, positiv sehen? Ich wurde richtig böse auf die Bekannten mit ihren klugen Ratschlägen.

Inzwischen kannte ich auch eine Reihe von Leuten, die mich in meiner Auffassung, daß alles eher noch schlechter werden würde, bestätigten. Sie konnten selbst ein Lied davon singen, wie schlecht es ihnen ging, sie hatten nämlich auch ausreichend Probleme und waren wie ich frustriert.

Erst viel später wurde mir bewußt, daß ich damals meine pessimistischen Erwartungen als Schutzschild aufbaute, der mich vor Enttäuschungen bewahren sollte. Denn wenn man negative Ereignisse vorhersieht, dann treffen sie einen viel weniger, als wenn sie einen unvorbereitet ereilen. Die negative Sichtweise war mein Versuch, mich vor Schmerz zu schützen. Was ich mir nicht bewußt machte, war, daß mich diese Sichtweise auch davor »schützte«, die schönen Dinge zu sehen und Freude zu erleben.

In Diskussionen mit den »ewig positiven« Denkern vertrat ich immer wieder die Auffassung, daß es nichts nützt, sich etwas vorzumachen: Man muß realistisch sein! Für mich gab es kaum Argumente gegen meine Auffassung. Und doch gibt es auch einen anderen Weg – und auch zu dieser Erkenntnis hat mir das Buch von Saint-Exupéry geholfen.

Hilfe vom
»Kleinen Prinzen«

Einer meiner Freunde, mit dem ich wohl noch nie über meine Leidenschaft zu diesem Buch gesprochen hatte, hat es mir »zur Aufmunterung« geschenkt. In dieser Zeit hatte ich selbst den »Kleinen Prinzen« und seine Fähigkeit, mich zu trösten, vergessen. Ich brauchte also einen Anstoß, und ich hätte das Buch fast zurückgewiesen: Mir dieses Buch zu schenken, bedeutete wirklich »Eulen nach Athen zu tragen«. Aber ich habe es angenommen und mich dafür herzlich bedankt.

Ich weiß heute noch nicht, was sich dieser Bekannte dabei gedacht hat, als er mir gerade dieses Geschenk gemacht hat. Es war eigentlich – zumindest aus meiner Sicht – kein enger Freund, und mir war dieses Geschenk zu persönlich. Wollte er, daß ich ihn darauf anspreche? Wollte er eine engere Beziehung zu mir aufbauen? Um mich ihm zu öffnen, hätte ich über meinen Schatten springen müssen, und dazu war ich nicht bereit. Für diese Zeit war das eine typische Haltung für mich: ich ließ niemanden an mich heran, aus Angst, daß er irgendwelche Forderungen an mich stellen, daß er an meinen Wunden kratzen könnte.

Ich habe erlebt, daß ich Stärke und eine gewissen Souveränität besitzen muß, um Nähe zuzulassen. In Zeiten der eigenen Schwäche macht sie mir

Angst. Fühlten die Menschen meiner Umgebung, die ich als kalt und verschlossen erlebte, genauso!?

Fürchterliche Samen: »Eine Frage der Disziplin«

Ich blätterte also seit langem wieder einmal in dem Buch von Saint-Exupéry und blieb an der Zeichnung mit den Affenbrotbäumen hängen.

Man muß wissen, es gab auf dem Planeten des kleinen Prinzen wie auf allen Planeten gute Gewächse und schlechte Gewächse. Infolgedessen auch gute Samenkörner von guten Gewächsen und schlechte Samenkörner von schlechten Gewächsen. (S. 20)

Es war nun für den »kleinen Prinzen« von lebenswichtiger Bedeutung, möglichst früh zu erkennen, ob ein neuer Sproß, der sich schüchtern und unschuldsvoll an das Licht streckt, eine Pflanze darstellte, die man hegen und pflegen sollte, oder ob es sich um eine gefährliche Pflanze handelte, die man besser ausreißen sollte, bevor sie zu kräftige Wurzeln entwickelte.

Auf dem Planeten des kleinen Prinzen gab es fürchterliche Samen ... und das waren die Samen der Affenbrotbäume. Der Boden des Planeten war voll davon. Aber einen Affenbrotbaum kann man, wenn man ihn zu spät angeht, nie mehr loswerden. Er bemächtigt sich des ganzen Planeten. (S. 21)

»Es ist eine Frage der Disziplin«, sagte der »kleine Prinz«. So wie man regelmäßig seine Morgentoilette macht, muß man regelmäßig die Toilette seines Planeten betreiben und die Affenbrotbäume ausreißen, sobald man sie erkannt hat.

Das Problem des »kleinen Prinzen« war, daß sich die Rosenstöcke und die Affenbrotbäume, wenn sie sehr klein sind, sehr ähnlich sehen. Er mußte

51

also immer befürchten, daß er einen schönen, lieblichen Rosenstrauch ausriß, und daher war er stets in Versuchung, auch die schädlichen Samen zu lange wachsen zu lassen, so lange, bis man sie kaum noch entfernen konnte, weil die Wurzeln schon zu stark waren. Die kleinen Affenbrotbäume waren auch so hübsch anzuschauen und sahen so unschuldig aus.

»Die Gewohnheiten sind die großen Führer im menschlichen Leben.«
David Hume

Schlechte Gewohnheiten als »Affenbrotbäume«

D as Bild von den Affenbrotbäumen auf dem Planeten des »kleinen Prinzen« war für mich schon sehr früh von besonderer Bedeutung, und noch heute ist mir unverständlich, warum es erst des Geschenkes meines Bekannten bedurfte, mich wieder daran zu erinnern.

Haben wir nicht alle einen Planeten zu versorgen, unsere kleine Welt, auf der wir und von der wir leben, die von uns als Person nicht zu trennen ist? Gibt es nicht auch in uns Samen, die aufgehen und wachsen, uns weiterbringen, stärken und fördern, und solche, die uns gefährden, schwächen, die uns zerstören können? Natürlich kann man dabei zuerst an Suchtmittel wie Alkohol denken: Solange wir mit wenig Alkohol auskommen, handelt es sich um ein harmloses Gewächs, das wir auch jederzeit ausreißen können. Ein oder zwei Gläser Wein mit Freunden genossen sind eine zarte Pflanze auf unserem Planeten. Was aber, wenn diese Pflanze unkontrolliert wächst und wenn aus dem Glas Wein eine halbe Flasche Whiskey geworden ist? Kann man das Gewächs dann auch noch einfach ausreißen? Es hat doch zu Beginn so harmlos ausgesehen!

Alle Gewohnheiten, die unserem Körper oder unserer seelischen Entwicklung schaden, beginnen klein und harmlos. »Gewohnheiten sind anfangs Spinnweben, später Drahtseile«, sagt ein spanisches Sprichwort.

Wir dürfen nicht zu lange warten, bis wir eine Gewohnheit kritisch unter die Lupe nehmen.

Wenn uns die Auswirkungen von Anfang an vor Augen stünden, so würden wir solche Gewohnheiten nicht entstehen lassen; leider sehen sie zu Beginn ihrer Entwicklung so harmlos aus. Wir Menschen haben aber die Chance, uns über unseren Verstand und über unsere Vorstellungskraft auch die negativen Konsequenzen unserer Gewohnheiten schon zu einem frühen Zeitpunkt bewußt zu machen.

Voltaire sagt: »Wir müssen unseren Garten kultivieren!« Wenn wir unseren Planeten, d. h. unsere Vorstellungen, unseren Charakter und unsere Gefühle als unseren Garten betrachten, so ist es der sicherste Weg, eine beglückende, befriedigende Ernte zu erreichen, wenn wir Pflanzen wie Liebe, Wärme, Zuneigung säen und pflegen. Enttäuschungen, Ärger und Furcht sind Unkraut, das wir aus unserem Garten herausreißen müssen, und zwar bevor es allen schönen Pflanzen das Licht, den Platz und die Nährstoffe raubt. Negative Gefühle sind Aufforderungen zu handeln. »Darum pflanze die Gewächse, an denen Du Dich freust und jäte das Unkraut, sobald es sich zu erkennen gibt!«

Menschen als »Affenbrotbäume«

Das Bild vom Affenbrotbaum, der den Planeten sprengt, meinte für mich nicht nur Suchtmittel und schlechte Gewohnheiten, vor denen man gewarnt werden sollte. Ich erlebte auch die Beziehung zu manchen Menschen als Affenbrotbäume.

Menschen können uns imponieren, weil sie Eigenschaften oder materielle Güter besitzen, um die wir sie beneiden. Wenn sie mir dann noch etwas schmeicheln, so lasse ich mich häufig auf sie ein, obwohl mich eine Stimme warnend darauf hinweist, daß diese Menschen eher meine schlechten als meine guten Eigenschaften zum Wachsen bringen.

Es gab in meinem Leben auch Menschen, auf die ich mich einließ, die meine Freunde zu sein schienen, deren Beziehung ich hegte und pflegte, weil ich in ihnen Rosenstöcke gesehen habe, und bei denen ich erst sehr spät, manchmal fast zu spät erkannte, daß sie mich zu zersprengen drohten. Aus bitterer Erfahrung weiß ich, wie schmerzhaft es ist, wenn man zu einem späten Zeitpunkt beschließt, die Bande der Freundschaft oder der Liebe zu zerreißen. Ich bin an einer solchen Trennung fast zerbrochen. Das Ausreißen von Wurzeln aus einem Planeten, der ich selber war, beschrieb meinen Schmerz sehr passend.

Gedanken und Vorstellungen als »Affenbrotbäume«

Wir können aber nicht nur an Rauschmitteln, schlechten Gewohnheiten oder an falschen Freunden Schaden nehmen. Auch Gedanken und die damit verbundenen Gefühle tarnen sich manchmal als hilfreich, als harmlose Rosenstöcke, und wenn man sie näher betrachtet, erweisen sie sich als gefährlich, ja schädlich, vielleicht sogar als zerstörerisch.

Auch Mitleid und Selbstmitleid können sich als eine gefährliche Gefühlsregung erweisen, das »ach so schwache Ich« zu einer selbstzerstörerischen Vorstellung werden. Mitleid und der daraus erwachsene Trost waren für mich auf die Dauer nicht heilsam. Sie haben meine Selbstheilungskräfte geschwächt. Kurzfristig brachten sie mir Linderung meiner Schmerzen, aber wehe, wenn wir uns daran gewöhnen.

Es gibt also gefährliche Gedanken und Vorstellungen, und es ist wichtig, solche Selbstbilder rechtzeitig zu erkennen, d. h. solange man sich noch problemlos von ihnen lösen kann. Denn letztlich besteht unser ganzes Leben aus Vorstellungen, den Bildern, die wir uns von der Welt machen; und die Qualität unserer Vorstellungen bestimmt die Qualität unseres Lebens.

»Du kannst nicht verhindern, daß die Vögel der Sorge um dein Haupt flie-
gen, doch du kannst ihnen verwehren, ihre Nester in dein Haar zu bauen.«
Chinesisches Sprichwort

Ich nehme mein Leben
wieder in die Hand

Der »Kleine Prinz« machte mir schlagartig klar, daß ich auf dem falschen Weg war, daß ich dabei war, Affenbrotbäume großzuziehen. Ich mußte wieder einen positiven Weg finden, und ich wußte, das konnte ich nur schaffen, wenn ich meine Umgebung, die mich beeinflussenden Bekannten und Freunde änderte. Denn wie sollte ich aus meinem Selbstmitleid herausfinden, wenn ich um mich herum nur Menschen hatte, die sich darin gefielen, mich und sich zu bedauern.

Mir war klar, daß das nicht einfach sein konnte, und daß das mit großen Schmerzen verbunden sein würde. Ich bin kein Mensch, der leicht für längere Zeit einsam sein kann ... Aber ich mußte wohl einige Schmerzen und Einsamkeit ertragen, sonst gäbe es keinen Platz mehr für Rosensträucher auf meinem Planeten. Die Vorstellung, Affenbrotbäume durch Rosensträucher zu ersetzen, hat mir Kraft gegeben. Mir ist es gelungen, meinen Garten, meinen Planeten von Unkraut zu säubern. Natürlich bin ich nicht für alle Zeit davor gefeit, mal wieder in eines meiner »Löcher« zu fallen oder falsche Freunde zu haben, und wenn wir wirklich glücklich und zufrieden sein wollen, müssen wir wohl lernen, auch das »Unkraut« anzunehmen. Es ist Teil unseres Leben. Wir können nicht verhindern, daß immer wieder neues Unkraut zu keimen beginnt. Es ändert nichts daran, ob wir uns davor fürchten oder darüber ärgern. Eines ist sicher, das nächste »Unkraut« ist schon auf dem Wege zu uns, aber genauso sicher ist, daß wir mit diesem »Unkraut« fertig werden, wenn wir nur bereit sind, die Rolle des Gärtners zu übernehmen.

Ich habe keine Angst mehr vor Unkraut oder Affenbrotbäumen. Wenn man einmal die Erfahrung gemacht hat, daß man auch ziemlich große

Affenbrotbäume ausreißen kann, so hat man vor den kleinen keine Angst mehr.

Doch die Vorsicht gegenüber Affenbrotbäumen hat mich mein ganzes weiteres Leben begleitet. Sicher ist diese Vorsicht auch mit dafür verantwortlich, daß ich heute nach siebzehn Jahren Ehe mit meiner zweiten Frau Elke noch immer glücklich bin, obwohl wir so verschieden sind.

Die Flugzeug-Bekanntschaft

Ich war also wieder verheiratet. Ich hatte wieder Kinder, und ich liebte meine Frau und unsere Kinder. Ich war mit dem Flugzeug auf dem Weg zu einem Geschäftstermin. Der Computer, der mir den Sitzplatz zuwies, meinte es an diesem frühen Morgen besonders gut mit mir: ich fand meinen Sitzplatz neben einer sehr attraktiven Dame. Und sie sprach mich an, gleich als ich Platz nahm. Ich bin eher schüchtern und liebe es, wenn die Frauen die Initiative ergreifen. »Aramis, nicht wahr?!« sagte sie, indem sie ihre Nase schnuppernd in die Luft hob. Sie meinte natürlich mein Rasierwasser. Ich werde diese Worte nicht so bald vergessen, weil sie so ungewöhnlich waren und weil sie sich von dem sonst üblichen Allerweltsgeplänkel typischer Gespräche mit Fremden in einem Flugzeug abhoben.

Das weitere Gespräch setzte sich genauso ungewöhnlich fort, wie es begonnen hatte. Wir sprachen miteinander, als ob wir uns jahrelang kannten und die besten Freunde – ja vielleicht sogar etwas mehr – wären. Die Reise verging »wie im Flug«, und obwohl sie immerhin eine volle Stunde dauerte, empfand ich sie als viel zu kurz. Ich hatte das große Verlangen, die Bekanntschaft fortzusetzen – und ich war überzeugt, daß auch die Initiatorin unseres Gespräches nichts dagegen einzuwenden gehabt hätte.

Das Flugzeug hatte die Räder schon ausgefahren und setzte zur Landung an, als ich dabei war, meine Visitenkarte aus der Tasche zu holen. Etwas hielt mich zurück. »Bist du dir sicher, daß du damit umgehen kannst, daß dir das nicht aus den Händen gleitet?« fragte ich mich. »Du bist verheiratet, hast Kinder, und du hast genug erlebt, um dir vorstellen zu können, was sich daraus entwickeln kann. Bist du dir sicher, daß das kein Affenbrotbaum ist?«

Ich entschied mich, diese Beziehung, die so bezaubernd begonnen hatte, als Affenbrotbaum zu betrachten und habe die Visitenkarte wieder eingesteckt. Statt dessen habe ich ihr meine Interpretation des Bildes aus dem »Kleinen Prinzen« geschildert und damit erklärt, warum ich nicht nach ihrer Adresse oder Telefonnummer frage. Sie hat es – natürlich – verstanden. Ich habe sie nie wieder gesehen. Ob es vielleicht doch ein Rosenstrauch war, den ich da so unbarmherzig ausgerissen habe?

Kapitel IV

Die Rose des
»Kleinen Prinzen«

»Der Schmerz um Liebe, wie die Liebe,
bleibt unteilbar und unendlich.«
Johann Wolfgang von Goethe

»Ich bin noch ganz zerrauft ...«

Der »Kleine Prinz« ist zu meinem ganz persönlichen Wegweiser durchs Leben geworden, doch aus seiner Liebesgeschichte läßt sich fast schon eine Art Regelwerk über Liebe und Partnerschaft ableiten.

Eines Tages keimte auf dem Planeten des »kleinen Prinzen« eine neue Pflanze. Er überwachte diesen neuen Sprößling sehr genau, es könnte sich ja um eine neue Art von Affenbrotbaum handeln. Aber der Strauch hörte bald auf zu wachsen, und es bildete sich eine Knospe aus.

Der kleine Prinz, der der Entwicklung einer riesigen Knospe beiwohnte, fühlte wohl, es müsse eine wunderbare Erscheinung aus ihr hervorgehen, aber die Blume wurde nicht fertig damit, sich in ihrer grünen Kammer auf ihre Schönheit vorzubereiten. ... Nun ja! Sie wollte gefallen. ... Und dann eines Morgens, gerade zur Stunde des Sonnenaufganges, hatte sie sich enthüllt.
»Ach! Ich bin kaum aufgewacht ... Ich bitte um Verzeihung... Ich bin noch ganz zerrauft ...« (S. 29)

Sie verlangte gleich ein Frühstück, und obwohl der »kleine Prinz« spürte, daß sie nicht sehr bescheiden sein würde, fand er sie doch sehr rührend. Er mußte sie mit einem Wandschirm vor der Zugluft schützen und am Abend unter einen Glassturz stellen. Und immer wieder versuchte sie, den »kleinen Prinzen« durch ein Hüsteln ins Unrecht zu setzen oder ihm Gewissensbisse aufzunötigen.

So hat sie ihn sehr bald schon mit ihrer etwas scheuen Eitelkeit gequält. (S. 30)

60

Es mag sein, daß Saint-Exupéry einem Vorurteil erlegen ist, oder daß er gar nicht die Frauen an sich, sondern nur eine bestimmte Frau (vielleicht seine Frau Consuela) im Sinn hatte. Jedenfalls hat er mit der Rose einen Frauentyp beschrieben, den auch ich kennengelernt habe: Frauen, die Männern das Gefühl vermitteln, stark zu sein, indem sie sich selbst schwach und schutzbedürftig geben. Diese gespielte Schwäche habe ich häufig erleben können und auch das ungute Gefühl von Männern, denen dies bewußt wurde.

So hatte der kleine Prinz trotz des guten Willens seiner Liebe rasch an ihr zu zweifeln begonnen, ihre belanglosen Worte bitter ernst genommen und war sehr unglücklich geworden. (S. 31)

Und so hatte er beschlossen, die Blume und seinen Planeten zu verlassen.

Der Abschied von der Rose

Der kleine Prinz riß auch ein bißchen schwermütig die letzten Triebe des Affenbrotbaumes aus. ... Und als er die Blume zum letztenmal begoß und sich anschickte, sie unter den Schutz der Glasglocke zu stellen, entdeckte er in sich das Bedürfnis zu weinen.
»Adieu«, sagte er zur Blume.
Aber sie antwortete ihm nicht.
»Adieu«, wiederholte er.
Die Blume hustete. Aber das kam nicht von der Erkältung.
»Ich bin dumm gewesen«, sagte sie endlich zu ihm. »Ich bitte dich um Verzeihung. Versuche glücklich zu sein.« (S. 32)

Und etwas später:

*»Aber ja, ich liebe dich«, sagte die Blume. »Du hast nichts davon gewußt.
Das ist meine Schuld. Es ist ganz unwichtig. Aber du warst ebenso dumm
wie ich. Versuche glücklich zu sein ....«*

*»Nichts ist besser und wünschenswerter auf Erden,
Als wenn Mann und Weib in herzlicher Liebe vereint,
Ruhig ihr Haus verwalten, dem Feind ein kränkender Anblick,
Aber Wonne dem Freund.«*
Homer, Odyssee

Die Bedeutung einer glücklichen Beziehung

Die Beschreibung des Abschieds von seiner Rose läßt uns spüren, wie
sehr der »kleine Prinz« sich eine glückliche Beziehung wünschte, und
ich hatte immer das Gefühl, daß er seine Rose doch gar nicht hätte verlassen
müssen. »Bleib doch bei ihr, sprecht euch doch aus!« so habe ich ihm immer
wieder in Gedanken zugerufen. Aber auch diese Trauer, die Verzweiflung,
die mit einer Trennung von zwei sich liebenden Wesen einhergeht, hat mir
wieder bewußt gemacht, wie wertvoll eine erfüllte Beziehung ist.

Weniger poetisch haben auch viele wissenschaftliche Untersuchungen
immer wieder bestätigt, daß eine erfüllte Beziehung den stärksten (und die
Zufriedenheit mit dem Familienleben den zweitstärksten) Beitrag zum all-
gemeinen Glücklichsein leistet. Glück in der Ehe (oder in der Beziehung)
gewährleistet das allgemeine Wohlbefinden häufiger und intensiver als
Arbeitszufriedenheit (oder andere Formen von Zufriedenheit); Eheschwie-
rigkeiten bzw. Schwierigkeiten in einer Beziehung können uns aber auch
empfindlicher treffen als Unzufriedenheit mit der Arbeit, dem Einkommen
oder der Wohnung.

Wir Menschen brauchen den Partner, um uns wohlzufühlen, ja auch,
um gesund zu bleiben. Für Kinder ist eine enge Beziehung buchstäblich

lebenswichtig, wie man aus Untersuchungen an Waisenkindern weiß, die in Heimen aufwachsen und im Extremfall Anzeichen von Hospitalismus zeigen. Und auch wir Erwachsene entwickeln uns zu unserem Vorteil nur in Gemeinschaft mit anderen. Eine enge Beziehung zum Partner hat für unser Glück eine doppelte Bedeutung. Zum einen ist – wie gesagt – eine befriedigende Beziehung die stärkste Quelle von Glück, zum anderen wird jedes positive Erleben doppelt beglückend empfunden, wenn man es mit jemandem teilt; oder wie Albert Schweizer es sagte: »Glück ist das einzige, was sich verdoppelt, wenn man es teilt.«

Der Widerstreit von Nähe und Unabhängigkeit

Wir brauchen die enge Beziehung zum anderen – aber wir brauchen in gleichem Maße die Unabhängigkeit. Die Bande, mit denen die Rose den »kleinen Prinzen« an sich zu fesseln versucht, sind ihm zu eng, auch das ist ein Grund für die Abreise des »kleinen Prinzen«. Wir brauchen Abhängigkeit und Unabhängigkeit gleichermaßen, um glücklich zu sein.

Als Kind erleben wir in hohem Maße die Abhängigkeit.

Wir sind körperlich abhängig: wir brauchen andere, die für uns sorgen, sonst können wir nicht überleben.

Wir sind seelisch und emotional abhängig: wir brauchen die Zuwendung anderer so dringend wie Essen und Trinken; wir werden sonst krank.

Wir sind geistig abhängig: wir brauchen die Klugheit und die Weisheit anderer, die uns die Zusammenhänge dieser Welt zu verstehen helfen, sonst finden wir uns nicht zurecht.

Der Weg zur Unabhängigkeit

So sehr wir abhängig sind, so sehr gibt es schon recht früh einen starken, natürlichen Drang – der schon bei den Kindern vorhanden ist und später immer stärker wird –, der uns dazu motiviert, diese Abhängigkeit abzustreifen.

Der erste Schritt in diese Richtung beginnt, wenn ein Kind sich selbst entdeckt, wenn es das erste Mal »Ich« sagt. Mit etwa vier Jahren – häufig schon früher – beobachten wir bei den meisten Kindern einen ungeheuer starken Drang, alles selbst machen zu wollen. Wieviel einfacher ist es doch, ein Kind zu füttern, als zuzusehen, wie es versucht selbständig zu essen.

Die zweite Phase der Entwicklung zur Unabhängigkeit erleben wir in der Pubertät. Hier geht es den Jugendlichen vor allem um eine geistige Unabhängigkeit. Sie stellen die Werte und Überzeugungen der Eltern in Frage. Sie setzen sich mit den Eltern auseinander, sie versuchen, sich ihre eigene Meinung zu bilden, um auch dadurch erwachsen zu werden. Auch das ist eine Phase, die von den Eltern sehr viel Geduld und Vertrauen in die Fähigkeiten ihres Kindes verlangt – sicher noch mehr als in der ersten Phase.

Die Liebe und der Drang nach Freiheit

Wie sehr es uns als Erwachsene gelungen ist, unabhängig zu werden, ist ein Maß dafür, wie reif wir sind. Die Reise des »kleinen Prinzen« durch die Welt der Planeten ist für mich ein Bild für das Erfahren der Welt und der Aufgabe, dabei erwachsen zu werden.

Ich stamme aus einem sehr behüteten Elternhaus, und vielleicht war daher diese Frage für mich besonders drängend. Als für mich das Thema Freiheit und Unabhängigkeit in den Vordergrund rückte, hatte ich schon Mike als feste Freundin. Ich war siebzehn, und alle Filme, in denen es um Freiheit ging, wie zum Beispiel »Easy Rider«, machten einen starken Eindruck auf mich, beunruhigten mich. Freiheit und Unabhängigkeit hieß für mich aber nicht Loslösung von den Eltern, sondern Unabhängigkeit von meiner Freundin, denn ich war ja direkt von der Abhängigkeit zu den Eltern in die Abhängigkeit zu meiner Freundin Mike gewechselt. Natürlich waren mir damals diese Zusammenhänge nicht bewußt, ich hatte keine Ahnung, warum ich diese Selbständigkeit, d. h. eine Trennung anstrebte.

Auch Mike verstand mich nicht, denn wir liebten uns doch, und von Streit war nichts zu spüren. Aber wie konnte ich ihr das erklären, wo ich diese Regungen selber nicht verstanden habe. Ich konnte auch nicht die Abreise des »kleinen Prinzen« als Begründung oder Erklärung heranziehen, denn immerhin hatte die Rose dem »kleinen Prinzen« eine Reihe von Anlässen für eine Trennung gegeben, während meine Freundin mir keine solchen Gründe geliefert hatte.

Die Trennung dauerte allerdings nur wenige Wochen und bestand im wesentlichen in getrennt verbrachten Sommerferien. Wir hatten allerdings vor unserer Abreise besprochen, daß wir »probehalber« mindestens sechs Wochen getrennt sein wollten, um zu prüfen, ob wir wirklich zusammengehörten. Wir haben uns also keine Briefe geschrieben und auch nicht miteinander telefoniert. Mir wurde in dieser Zeit klar, wie sehr ich Mike brauchte, und daß wir zusammengehörten, so wie der »kleine Prinz« die Liebe zu seiner Rose vor allem auf seiner Reise entdeckt hat. Nach den Ferien haben wir uns dann sofort getroffen und uns verlobt.

Sicher ist es ein Zeichen von Reife, unabhängig zu sein, was sich auch darin zeigt, daß man allein sein kann. Das war uns in vielen Gesprächen deutlich geworden. Genauso sicher ist es aber ein Zeichen einer noch größeren Reife, sich aus der Unabhängigkeit heraus wieder in die Abhängigkeit zu begeben, sich dieser Abhängigkeit bewußt zu sein, sie zu wagen und zu bejahen. Dies gilt vor allem in emotionaler Hinsicht, wenn wir zu einem anderen Menschen »Ja« sagen und ihm voller Vertrauen unsere Unabhängigkeit »opfern«. Das mußten wir erst lernen.

Dieser Konflikt zwischen dem Wunsch nach Unabhängigkeit und Freiheit auf der einen Seite und nach Bindung und Abhängigkeit auf der anderen Seite ist die Ursache für viele, sich immer wiederholende Auseinandersetzungen in Ehe und Partnerschaft. Auch dieses Problem kenne ich sehr gut, und wie sich herausstellte, war die Trennung von sechs Wochen nicht ausreichend, den Wunsch nach Unabhängigkeit und Freiheit auf Dauer zu befriedigen. Es gab vor allem in der späteren Ehe immer wieder Auseinandersetzungen darüber, wieviel Freiheit man als Ehepartner noch hat. Unsere gemeinsamen Sorgen haben dieses Thema dann allerdings in den Hintergrund gedrängt.

Bei der Frage der Freiheit, die der Partner in der Ehe hat, spielt auch die unterschiedliche Rolle mit, die Mann und Frau traditionell haben. Der berufstätige Ehemann hat schon durch seinen Beruf mehr Außenkontakte und ist häufiger unterwegs. Die Ehefrau, die sich um die Kleinkinder kümmert, ist sehr viel mehr an das Haus gefesselt. Warum soll dann der Ehemann auch noch zu einem Stammtisch gehen dürfen, wenn die Frau für die Kinder soviel von ihrer Freiheit aufgegeben hat?

Auch der »kleine Prinz« – davon war ich überzeugt – hatte auf seiner Reise erkannt, daß Abhängigkeit letztlich einen Wert darstellen kann und daß die Akzeptanz dieser Abhängigkeit die Voraussetzung für tief empfundenes Glück darstellt. Nur durch die Akzeptanz der Abhängigkeit läßt sich die Einsamkeit überwinden. Aber bevor er das erkennen konnte, mußte er seine Rose verlassen, und seine Rose hat ihn durch ihr Verhalten eigentlich zu dieser Reise getrieben.

Wir müssen wohl »zwei oder drei Raupen aushalten«!

Als der »kleine Prinz« die Rose endgültig verließ, gab sie ihre Rolle, die des hilfsbedürftigen, zarten Wesens auf. Sie hatte wohl erkannt, daß sie damit gescheitert war. Sie fügte dem Geständnis ihrer Liebe hinzu:

»Laß diese Glasglocke liegen! Ich will sie nicht mehr ...« ...
»Aber die Tiere ...« gab der *»kleine Prinz«* zu bedenken.
»Ich muß wohl zwei oder drei Raupen aushalten, wenn ich die Schmetterlinge kennenlernen will. Auch das scheint sehr schön zu sein.« (S. 34)

Dieser Satz war für meine erste Frau und mich zu einem geflügelten Wort geworden, um auszudrücken, daß man die eine oder andere Unbill in Kauf nehmen muß, wenn man Glück erleben will, und daß dies gar nicht so selten vorkommt.

Nicht zuletzt muß man sich mit der einen oder anderen Raupe einverstanden erklären, die man sich mit einem Partner einhandelt. Es gibt wohl keinen Menschen, an dem man nichts, aber auch nicht die kleinste Kleinigkeit auszusetzen hätte. Freilich wird man dessen »Fehler« erst nach einiger Zeit gewahr; entscheidend ist, wie man dann damit umgeht. Mit dem Versuch, den anderen zu ändern, wird man zwangsläufig Schiffbruch erleiden. Vor allem dann, wenn es sich um Gewohnheiten handelt, die seine Persönlichkeit ausmachen. Da ist es schon besser, »zwei oder drei Raupen auszuhalten«. Wichtig ist, daß wir die »Blickrichtung« beibehalten, die wir in den Zeiten des ersten Verliebtseins hatten. Wenn wir anfangen, vor allem auf das zu sehen, was uns am anderen stört, dann ist die Trennung nicht fern.

Regeln für eine glückliche Beziehung

*I*ch hätte nicht auf sie hören sollen« gestand der »kleine Prinz« dem Piloten eines Tages. »*Man darf den Blumen nicht zuhören, man muß sie anschauen und einatmen.*« (S. 31)

Eine glückliche Beziehung, besonders eine echte Liebe, so will uns Saint-Exupéry offensichtlich sagen, ist ein großer Schatz, den es zu bewahren gilt.

An dieser Stelle kann ich der Versuchung nicht widerstehen, einmal meine persönlichen Regeln aufzuzeigen, wobei ich doch weiß, daß man solche Regeln nur dann beachtet, wenn man sie selbst für sich entdeckt hat. Aus meiner Erfahrung sind es sechs Regeln, die man beachten muß, um eine erfüllte Beziehung zu bewahren:

1. Eine erfüllte Beziehung ist kein Geschenk, sondern eine Aufgabe. Wenn wir uns bewußt machen, was wir alles verlieren, wenn die Beziehung zerbricht, dann werden wir bereit sein, viel Energie auf den Schutz und die Pflege dieser Beziehung zu verwenden. Das Zusammensein mit dem Partner hat höchste Priorität. Als man sich kennenlernte, war das selbstverständlich. Was hat man alles unternommen, um zusammen zu sein. Jetzt muß man die schönen, erfüllten, gemeinsamen Stunden bewußt suchen oder auch »herstellen«.

2. Wir sollten uns jeden Tag die schönen Seiten unserer Beziehung vor Augen führen und sie jeden Tag – oder zumindest so oft wie möglich – praktizieren. Wir sollten jeden Tag neue positive Assoziationen mit der Beziehung herstellen, neue »Weizenfelder gewinnen«.

3. Eine Beziehung müssen wir auch dadurch schützen, daß wir negativen Entwicklungen rechtzeitig begegnen. Wir müssen die »Affenbrotbäume« möglichst früh erkennen, um sie dann sofort auszureißen. Dabei

kommt es oft nur auf den Blickwinkel an. Die Eigenschaften und Sichtweisen, die wir am Anfang der Beziehung am anderen so sehr geliebt haben, müssen im Vordergrund bleiben oder wieder in den Vordergrund gerückt werden. Das geschieht nicht von selbst, es ist eine Aufgabe!

Und wenn man dann wieder eine positive Seite neu entdeckt hat: Lassen Sie es den Partner wissen! Anerkennung, Komplimente, dem anderen zeigen, wie sehr man sich freut, daß es ihn gibt und daß er so ist wie er ist.

4. Es kommt darauf an, welche Bilder wir in uns haben. Wir dürfen niemals, auch nicht im Spaß oder im Zorn, in uns ein positives Bild davon entwickeln, wie es wäre, wenn die Verbindung nicht mehr bestehen würde. Wir sind für die Vorstellungen, die in uns entstehen und wirksam sind, verantwortlich.

Ich kann innerlich sehr wütend werden, und dann male ich mir aus, was ich dem Partner alles antun könnte. Dazu gehört auch, ihn zu verlassen oder zu betrügen, aus Rache. Ich erschrecke immer über solche Gedanken und bin mir bewußt, was daraus werden kann. Ich muß dann schnell Distanz zu den Problemen des Augenblicks gewinnen. Der »Kleine Prinz« ist oft ein Weg dazu. Ein paar Seiten in diesem Buch zu lesen hilft mir, das Wichtige wieder von Unwichtigem zu unterscheiden.

5. Wir müssen uns auf den anderen einstellen, versuchen, seine Bedürfnisse und seine Wertvorstellungen zu erfahren, um sie so selten wie möglich zu verletzen. Die Beziehung zwischen dem »kleinen Prinzen« und der Rose krankte daran, daß sich der »kleine Prinz« zwar auf die Bedürfnisse der Rose, diese sich aber nicht (oder erst bei seiner Abreise) auf die Bedürfnisse des »kleinen Prinzen« eingestellt hatte. Dazu ist das Gespräch unverzichtbar, ein ehrliches Gespräch, bei dem die eigenen Gefühle zur Sprache kommen, bei dem man dem anderen zeigt, daß man sich für ihn interessiert, ihn akzeptiert, ja liebt, so wie er ist. Ein Gespräch, bei dem man den anderen oder auch nur dessen Meinung nicht verändern möchte. Wenn man Glück hat öffnet sich der Partner dabei so weit, daß man in ihn hineinsehen kann. Vielleicht kann man in einer solchen offenen Stimmung auch wieder gemeinsam lachen – oder auch weinen.

6. Wir müssen uns bewußt machen, daß in einer gesunden Beziehung das Geben einen größeren Stellenwert haben muß als das Bekommen. Wenn wir zuviel vom Partner erwarten, ist die Enttäuschung vorprogrammiert. Die Rose hat offensichtlich zuviel vom »kleinen Prinzen« erwartet.

»Kleine Geschenke erhalten die Freundschaft«, heißt es in einem Sprichwort, wobei man keinen zu großen Wert auf das Wort »kleine« legen sollte, wenn es um den Partner geht. Dabei ist es nicht so wichtig, ob und wie sehr sich der Partner freut. Auf die Gefühle, die man selbst beim Aussuchen des Geschenkes erlebt, kommt es an: dieses Sich-dem-anderen-Widmen, seine Gedanken darauf ausrichten, wie man dem Partner einen Gefallen tun kann, ist für die Beziehung wichtiger als die Dankbarkeit des Beschenkten. Wie schön ist doch das Bewußtsein, ein kleines Geschenk gefunden zu haben, über das sich der Partner besonders freuen wird.

»Die Seele nährt sich von dem, woran sie sich freut.«
Augustinus

Glücksmomente

Eine erfüllte Beziehung ist eine der wichtigsten Voraussetzungen zum Glücklichsein. Das gemeinsame Genießen des Glücks ist aber auch eine wichtige Voraussetzung für eine gute Beziehung. Nicht nur die Tatsache, daß man ab und zu ein paar Raupen ertragen muß, war für uns eine wichtige Regel, wie wir Glücksmomente erlangen könnten; auch die Offenheit des »kleinen Prinzen« seiner Umwelt gegenüber zeigte uns, wie wir das genießen können, was uns umgibt.

Saint-Exupéry hat uns gelehrt, im täglichen Einerlei innezuhalten und die Aufmerksamkeit auf die tagtäglichen Wunder zu richten, die uns immer wieder begegnen. Es müssen gar nicht so spektakuläre Dinge sein, wie das Wasser aus einem Brunnen mitten in der Wüste. Wenn wir durch den Tag gehen, gibt es Hunderte von Momenten, in denen wir erfahren können,

welches Wunder das Leben darstellt. Wir müssen nur bereit sein, unser Herz zu öffnen, dann werden wir sehen lernen, und was wir sehen, wird unser Herz erfreuen, unser Leben wird von kleinen Glücksmomenten erfüllt sein. Solche Momente erlebt jeder, es kommt nur darauf an, sie wahrzunehmen. Für mich sind es kleine, ganz persönliche Dinge wie:
- das Lächeln eines Menschen, den ich liebe,
- ein schönes, geruhsames Frühstück, mit meiner
  Lieblingszeitung oder – weniger geruhsam –
- im Kreis meiner großen Familie,
- eines meiner Kinder, das auf mich zuläuft, damit ich es
  in die Arme nehme und herumwirbele,
- nach einem hektischen Tag ein Abendspaziergang mit meiner Frau,
- sich auftürmende Wolken, hinter denen die Sonne ihre
  Strahlen über den Himmel schickt,
- ein Vogel, der von der ausgestreckten Hand Körner pickt,
- die Hand eines meiner Kinder, die meine Hand sucht,
- ein schöner Eisbecher in der Eisdiele neben meinem Büro,
  nachdem ich eine schwierige Arbeit endlich vollendet habe,
- meine Lieblingsstelle in einer Symphonie aus dem Radio,
- ein Schlager, der frühere Zeiten des Glücks in mir lebendig werden läßt,
- eine Glas Schorle nach einer langen Wanderung vor einem Gasthaus,
  mit den Beinen auf dem Nachbarstuhl und dem Blick in die
  untergehende Sonne,
- ein schöner Ausblick auf einem Spaziergang,
- das Lied eines Vogels, das durch das geöffnete Fenster zu mir weht,
  während ich an meinem Computer sitze und arbeite.

Eine solche Liste hat jeder Mensch für sich. Machen Sie sich all die Wunder bewußt, die Sie tagtäglich erleben, lernen Sie, die Quellen des Glücks, die sie umgeben, in den Vordergrund zu rücken, während die Dinge, die Ihnen Sorgen machen oder die Sie ärgern, automatisch in den Hintergrund rücken. Lernen Sie wieder, mit den strahlenden Augen eines Kindes zu sehen, mit den Augen des »kleinen Prinzen«.

Nun paßt das Streben nach Glücksmomenten so gar nicht zu dem Bild, das wir von einem »ernsthaften« Geschäftsmann haben. Wenn man erfolgreich sein will, muß man Ziele haben, die außerhalb von einem selbst liegen, muß man ein »Macher« sein. Ein höheres Einkommen, eine bedeutende Firma, mehr Einfluß, ein größeres Ansehen, das sind die üblichen Ziele eines Mannes, der mit beiden Beinen im (Geschäfts-)Leben steht. Es gehört also schon ein gewisser Mut dazu, das Streben nach innerem Glück, das Sammeln von Glücksmomenten zu bekennen.

Vor allem von uns Männern erwartet man, daß wir zielorientiert sind, daß wir bei allem, was wir tun, eine Begründung dafür abgeben, warum gerade das, was wir jetzt tun, das einzig Richtige ist.

Glücksmomente sind Momente, in denen dagegen nicht das Machen sondern das Sein im Vordergrund steht. Das Streben nach Glücksmomenten ist nicht zu begründen, sie sind kein Mittel zum Zweck, sie stellen einen Wert an sich dar. Glücksmomente sind Momente, die wenig mit unserer konkreten Welt der rationalen Begründung, des täglichen Kampfes ums Überleben oder um den optimalen Platz in der Gesellschaft zu tun haben. Glücksmomente sind Momente im Reich des Zeitlosen und des Unsichtbaren. Sie sind nur in uns selbst zu finden. Man kann sie nicht beweisen.

Ich bin gerne erfolgreich, Mitspieler im Spiel um den besten Platz. Ich kenne das Gefühl, wenn man sich überwunden hat, wenn man etwas erreicht hat, was man sich eigentlich gar nicht zugetraut hat, wenn man eine Herausforderung angenommen hat und ihr gerecht wurde. Ich kenne das Bewußtsein, die Welt ein klein wenig mit den eigenen kreativen Ideen verändert zu haben. All das sind gute Gefühle, und sie tragen sehr zur Bereicherung des Lebens bei. Es sind die Gefühle, die ich mit Erfolg verbinde, für die es sich lohnt, sich anzustrengen. Es sind die Gefühle, die man als Macher haben kann. Auch ich habe also konkrete Ziele, auch ich brauche die Begründung für mein Handeln. Vielleicht ist das der Grund, warum ich mich gefragt habe, ob nicht auch das Sammeln von Glücksmomenten einen Zweck hat. Ich meine, daß wir nicht nur das Recht haben, glücklich zu sein – wie es in der amerikanischen Verfassung verankert ist –, sondern auch die Pflicht. Das mag egoistisch erscheinen, aber ich behaupte, daß wir nur dann für unsere Umgebung nützlich und hilfreich sein können, wenn wir selbst zufrieden und glücklich sind, und nur dann können wir uns auch voll auf den anderen einstellen und für ihn da sein. Wir müssen im Vollbesitz unserer Kräfte sein, uns zu einer »vollkommen freien, selbstbestimmten und innerlich erfüllten Persönlichkeit« (Wayne W. Dyer) entwickelt haben, und das kann nur dann gelingen, wenn wir zufrieden und glücklich sind. Daher gehört zu einem erfüllten Leben nicht nur die Bewährung im täglichen Kampf um Geld und Erfolg. Es gehört dazu ebenso die andere Seite, die mir der »Kleine Prinz« auf so bezaubernde Weise nahegebracht hat. Dazu müssen wir zwei Arten von Fragen stellen:

Wir fragen auf der einen Seite wie ein typischer »Macher«:
- Was kann ich heute noch erreichen?
- Welches ist der günstigste Weg zu meinem Ziel?
- Wie kann ich meine Kräfte und Möglichkeiten optimal einsetzen?

Um Glücksmomente zu erleben, müssen wir diese Fragen ergänzen durch Fragen, die sich mehr auf das Sein beziehen:
- Wer bin ich?
- Lebe ich das Leben, das mir entspricht?
- Lebe ich mein Leben, oder lebe ich das Leben, das andere von mir erwarten?
- Welche Rolle spielt die Liebe in meinem Leben?
- Bekomme ich genug Liebe, gebe ich genug Liebe?
- Ist mein Herz offen für die schönen Dinge in meiner Umwelt?
- Bin ich glücklich?

Vielleicht müssen vor allem die Männer überhaupt lernen, Fragen zu stellen, vielleicht müssen wir lernen, daß Fragen stellen genauso wertvoll – oder wertvoller – ist wie das Antworten geben. Mit seinem Herzen offen sein bedeutet auch, daß man für Fragen offen ist, auf die man im Moment keine Antworten hat. Das hilft uns, mit unserer Umgebung – vor allem natürlich mit unserem Partner – mehr Intimität zu erleben. Keine Antwort zu haben, schafft häufig mehr Nähe, als eine wunderbar rationale Antwort, die sehr logisch klingt, von der man aber spürt, daß sie den Kern der Sache nicht trifft. Hinzu kommt, daß die Bereitschaft, seine Unsicherheit zuzugeben, eine innere Stärke verrät, die es dem anderen erleichtert, sich zu öffnen.

Kapitel V

Die Reise des »kleinen Prinzen« zu den Asteroiden

»Nur Reisen ist Leben,
wie umgekehrt das Leben Reisen ist.«
Jean Paul

Der weise König

Der »kleine Prinz« hatte also seine Rose verlassen und machte sich auf den Weg, seine Nachbarasteroiden zu besuchen, um sich zu beschäftigen und um sich zu bilden. (S. 34)

Auf dem ersten Asteroiden, auf den er traf, wohnte ein König.

»Ah! Sieh da, ein Untertan«, rief der König, als er den kleinen Prinzen sah, denn für ihn waren alle Menschen Untertanen. (S. 35) Er war ein absoluter und universeller Monarch, er duldete keinen Ungehorsam, und er herrschte über das gesamte Universum. Aber er war ein weiser Monarch, er gab vernünftige Befehle ... – und der »kleine Prinz« konnte sich wirklich bilden:

»Wenn ich einem General geböte, nach Art der Schmetterlinge von einer Blume zur anderen zu fliegen oder eine Tragödie zu schreiben oder sich in einen Seevogel zu verwandeln, und wenn dieser General den erhaltenen Befehl nicht ausführte, wer wäre im Unrecht, er oder ich?«
»Sie wären es«, sagte der kleine Prinz überzeugt. (S. 38)

Und auf den Wunsch des »kleinen Prinzen«, die Sonne untergehen zu lassen (er war ja der Herrscher über das ganze Universum mit allen Gestirnen), da antwortete er in seiner Weisheit:

»Den Sonnenuntergang wirst du haben. Ich werde ihn befehlen. Aber in meiner Herrscherweisheit werde ich warten, bis die Bedingungen dafür günstig sind.«
»Wann wird das sein?« erkundigte sich der kleine Prinz.
»Hm, hm!« antwortete der König, der zunächst einen großen Kalender

studierte,»hm, hm! das wird sein gegen ... gegen ... das wird heute abend gegen sieben Uhr vierzig sein! Und du wirst sehen, wie man mir gehorcht.«

Der »kleine Prinz« hat also von dem König gelernt, was einen Herrscher ausmacht: daß er nur solche Befehle gibt, die seine Untertanen erfüllen können und auch gerne erfüllen. Und daß es sich bei dem König ganz offensichtlich auch um einen Lehrer handelte, erkennt man an der Art, wie er dem »kleinen Prinzen« seine Herrschaft erklärt: mit konkreten Beispielen, etwa von Schmetterlingen und Seevögeln, indem er seine Schüler die entscheidenden Erkenntnisse an einem Beispiel selbst entdecken läßt und indem er Kontrollfragen stellt: »Wer wäre im Unrecht?«

Der einsame König

Der König war ganz allein auf seinem Asteroiden, er war, so könnte man sagen, einsam. Wer sich einsam fühlt, wird mit seinem Los leichter fertig, wenn er sich eine Rolle sucht, bei der Absicht und Art eines Kontaktes mit seiner Umwelt vorherbestimmt sind. Eine solche Rolle ist die des Leiters, des Führers. Es scheint so zu sein, als suchten sich häufiger einsame Menschen diese Führerrolle. Ich habe in meinem Leben jedenfalls viele einsame Führer kennengelernt.

Ich habe das auch an mir selbst erlebt, bin mir dessen allerdings erst viel später bewußt geworden: Als Kind hatte ich – wie schon erwähnt – eine Krankheit an der Hüfte. Ich mußte mit acht Jahren in ein Krankenhaus, in dem ich insgesamt ein Jahr verbrachte – die meiste Zeit mit einem Streckverband an das Bett »gefesselt«. Hinzu kam, daß ich in Bad Tölz, etwa hundert Kilometer vom Wohnort meiner Eltern, München, entfernt lag und zu dieser Zeit, in den Jahren 1948 und 1949, für meine Eltern an ein Auto nicht zu denken war. Die Züge waren aber häufig so überfüllt, daß man buchstäblich nicht hineinkam. Meine Eltern konnten mich also nicht häufig besuchen, und auch ein angekündigter Besuch mußte manchmal ausfallen, weil meine Mutter nicht mehr in den Zug gekommen war. Ich kann mich noch heute an das Gefühl der absoluten Einsamkeit und Verzweiflung erinnern, das mich manchmal überkam. Besonders schlimm war es, wenn ich einmal wieder in der Vorfreude auf den Besuch meiner Mutter alle meine Puzzles – ich glaube, mein einziges Spielzeug in dieser Zeit – aufgebaut hatte (es war dies der Versuch, meiner Mutter zu zeigen, wie sehr ich mich auf sie freute), und ich dann von der Krankenschwester die Nachricht erhielt, daß sie nicht kommen kann. Ich habe mich manche Nacht in den Schlaf geweint.

Als ich dann endlich aus dem Krankenhaus entlassen wurde, mußte ich eine Schiene tragen, die von den Füßen bis über die Hüfte reichte. Den verlorenen Schulstoff versuchte ich mit Privatlehrern nachzuholen. Dabei lernte ich natürlich nicht, wie man mit Klassenkameraden umgeht.

Ich war sehr einsam und wünschte mir nichts sehnlicher, als Kontakt zu anderen Kindern. Erschwerend kam hinzu, daß ich nach dem Krankenhausaufenthalt körperlich geschwächt war und aus medizinischen Gründen am Turnunterricht in der Schule nicht teilnehmen durfte. Mir fehlte dadurch eine wichtige Möglichkeit, mit meinen Klassenkameraden in Kontakt zu kommen. Durch die Schiene war ich behindert, und so mußte ich immer fürchten, bei Konflikten zum Sündenbock zu werden, eine Rolle, die für einen Außenseiter typisch ist. Ich hatte lange Zeit vor jedem Schultag Angst, nicht vor den Lehrern und den Noten, sondern vor meinen Klassenkameraden.

Einige Jahre später, als ich keine Schiene mehr tragen mußte, mich körperlich entwickelt hatte und stärker geworden war, suchte ich mir die Rolle des Führers. Ich wurde der »Häuptling« einer Jungenbande, ich wurde Klassensprecher, ich wurde Schulsprecher, ich wurde an der Uni Leiter einer studentischen Arbeitsgruppe und dann Leiter meines eigenen Instituts. Man kann das damit erklären, daß ich eben eine »Führernatur« sei, oder aber damit, daß ich darin einfach einen Weg gefunden habe, meine Einsamkeit und meine Probleme, mit anderen in Kontakt zu kommen, zu überwinden. Der König aus dem »Kleinen Prinzen« hat mir das bewußt gemacht.

Über sich selber richten

Der König hat dem »kleinen Prinzen« noch eine andere Weisheit vermittelt: Um zu verhindern, daß der »kleine Prinz« so bald wieder abreiste und den König wieder einsam und alleine zurückließe, machte er ihn zum Justizminister.

»Aber da ist niemand, über den man richten könnte!« wandte der »kleine Prinz« ein. *»Du wirst also über dich selbst richten«,* antwortete ihm der König. *»Das ist das Schwerste. Es ist viel schwerer, sich selbst zu verurteilen, als über andere zu richten. Wenn es dir gelingt, über dich selbst gut zu Gericht zu sitzen, dann bist du ein wirklicher Weiser.«* (S. 39)

Ein Weiser sein, das war für mich schon als Kind sehr attraktiv. Auch das ein Weg, die Einsamkeit und gleichzeitig das eigene Unglück zu überwinden. Aber wie wird man ein Weiser? Wie lernt man, über sich selbst zu richten?

Ich habe das Über-andere-Richten und das Über-sich-selbst-Richten miteinander in Verbindung gebracht. Ich weiß nicht, ob der König es so gemeint hat, aber mich hat es zu großer Toleranz befähigt. Wenn jemand etwas tut, was zu verurteilen wäre, frage ich mich heute immer, unter welchen Bedingungen ich so etwas vielleicht auch tun würde. Auf diese Weise bringe ich dann sehr oft Verständnis für den anderen auf – übrigens ganz zum Leidwesen meiner Frau, die sich gerne über andere Menschen und deren »unmögliches« Verhalten aufregt.

Rückblickend kann ich mich also durchaus mit dem König identifizieren. Allerdings ist der König doch sehr zu bedauern. Er stellt eine traurige, ja vielleicht tragische Figur dar, denn er ist in nur einer Rolle, der Rolle des Königs, gefangen. Wir brauchen mehr als eine Rolle, wenn wir alles das, was in uns steckt, entwickeln und leben wollen.

»Wer von sich gut denkt, kennt sich nicht, und wer von Gott schlecht denkt, kennt Gott nicht.«
Abu Sa'id (persischer Mystiker)

Der Eitle

*D*er zweite Planet war von einem Eitlen bewohnt.
»Ah, ah, schau, schau, ein Bewunderer kommt zu Besuch!« rief der Eitle, sobald er des kleinen Prinzen ansichtig wurde.
Denn für den Eitlen sind die anderen Leute Bewunderer. (S. 40)

»Was heißt bewundern?«, fragt der »kleine Prinz«, nachdem er dem Eitlen zuklatschen mußte und dieses Spieles bald überdrüssig wurde.

»Bewundern heißt erkennen, daß ich der schönste, der bestangezogene, der reichste und der intelligenteste Mensch des Planeten bin.«
»Aber du bist doch allein auf deinem Planeten!« (S. 42)

Auch der Eitle ist also einsam. Er versucht auf andere Weise mit dem Alleinsein fertig zu werden: Man sorgt dafür, daß andere einen bewundern, beneiden. Natürlich macht das mehr Spaß, wenn möglichst viele um einen herum sind, aber auf der Erde findet man immer genug Menschen, die als Bewunderer zur Verfügung stehen. Man ist dann nie allein – einsam ist man trotzdem.

Sicher kennen auch Sie, so wie ich, eine ganze Menge»Eitle«. Menschen, die immer nur erzählen, was sie alles besitzen, wie groß ihre Yacht ist, daß sie nur in den besten Gegenden wohnen, daß sie diese oder jene prominenten Leute kennen, daß sie in dieser oder jener Zeitung abgebildet waren, oder was es sonst noch alles für Hilfsmittel gibt, die diesen Menschen helfen, bewundert zu werden. Natürlich werden diese »Vorzüge« der eigenen Person nur selten direkt aufgezählt, aber es werden wie zufällig Gesprächsthemen gewählt, bei denen man beiläufig erwähnen kann, was man hat, kann oder darstellt. Während es mich früher ärgerte, wenn jemand kein anderes Gesprächsthema fand, weiß ich heute – dank des »Kleinen Prinzen« –, daß solche Menschen oft nur einsam sind, und ich denke an den einsamen, etwas lächerlichen, aber doch sympathischen Eitlen auf seinem Asteroiden, und schon habe ich Verständnis für ihn und muß mich nicht mehr ärgern.

»Menschen, die auf Rosen gebettet sind, verraten sich dadurch, daß sie immerzu über die Dornen jammern.«
Françoise Sagan

»Sind Sie glücklich?«

Mit eitlen Menschen muß man sehr nachsichtig sein und sich gut überlegen, wie man auf ihre besonderen »Errungenschaften«, Aufzählungen von Besitztümern und »Leistungen« reagiert, denn obwohl sie sich souverän geben, sind sie sehr verletzbar. Sie erwarten nicht nur die Bewunderung, nein, sie brauchen sie.

Ich war einmal auf eine Party bei sehr vermögenden Gastgebern eingeladen. Ich weiß heute nicht mehr, wie ich dorthin kam, aber ich wurde bei Tisch neben die Gastgeberin plaziert, obwohl ich sie kaum kannte. Sie erzählte mir den ganzen Abend von ihren Besitztümern (die eigentlich ihrem Mann gehörten) und davon, welche Probleme sie damit hätte, den Gärtner mit dem Butler, dem Chauffeur, dem Hausmädchen, der Putzfrau und dem Privatlehrer ihrer Kinder zu koordinieren. Ich versuchte mehrfach, das Thema zu wechseln, was mir nicht gelang, so wie ich überhaupt kaum zu Wort kam, wohl deshalb, weil ich meine Bewunderung noch nicht ausreichend ausgedrückt hatte. Ich faßte mir dann ein Herz und fragte meine Nachbarin in einer Pause, in der sie wohl eine erneute Äußerung der Bewunderung erwartete, mit dem sanftesten Ton, der mir in dieser Situation möglich war, ob sie glücklich sei.

Die Auswirkungen dieser Frage hatte ich nicht im mindesten vorhergesehen, und sie waren, zumindest was diesen Abend betraf, für mich katastrophal: Meine Tischnachbarin wandte sich abrupt ab und sprach kein einziges Wort mehr mit mir. Das hätte ich nicht als so schlimm empfunden, wenn nicht mein Nachbar auf der anderen Seite und mein Gegenüber nur rätoromanisch gesprochen hätten, was ich nicht verstand. Ich hatte nun also genügend Zeit und Muße, mir zu überlegen, wie ich hätte besser reagieren sollen.

Damit aber nicht genug. Am nächsten Tag wurde ich von gemeinsamen Freunden angesprochen, wie sehr ich mich doch an dem Abend danebenbenommen hätte, und sie empfahlen mir, mich bei der Gastgeberin zu entschuldigen. Das tat ich natürlich, denn es tat mir wirklich leid, daß ich – ohne es zu wollen – mit diesem einen Satz meine Nachbarin so getroffen hatte.

Ich hätte das Spiel mitspielen sollen, das ich doch aus dem »Kleinen Prinzen« kannte. Ich hätte immerzu applaudieren sollen. Zu meiner Entschuldigung kann ich nur anbringen, daß der »kleine Prinz« schon viel früher, nämlich nach fünf Minuten, der Eintönigkeit dieses Spiels überdrüssig wurde.

Der Säufer

Den nächsten Planeten bewohnte ein Säufer. Dieser Besuch war sehr kurz, aber er tauchte den kleinen Prinzen in eine tiefe Schwermut.

Der Säufer trank, um zu vergessen; er wollte vergessen, daß er sich schämte, denn er schämte sich, weil er ein Säufer ist.

Auch der Säufer ist auf seinem Planeten einsam. Ist vielleicht auch das Trinken ein Versuch, mit der Einsamkeit fertig zu werden? Es ist vor allem ein Versuch, alle Probleme dieser Welt von sich wegrücken zu lassen und gegen Angriffe unempfindlich zu werden. Wie ich schon erwähnte, kenne ich Menschen, die mir sehr nahestehen und die sich leider nur in alkoho-lisiertem Zustand öffnen. Ich mag es gerne, wenn sie unter der Wirkung des Alkohols ihre gespielte Rolle aufgeben, wenn sie weich werden und auch über ihre tief verborgenen Gefühle reden. Weil ich selbst aber nur wenig Alkohol vertrage und es offensichtlich keinen Spaß macht zu trinken, wenn der Freund nicht auch trinkt, habe ich nur sehr selten die Chance, sie so zu erleben.

Und der kleine Prinz war bestürzt. Die großen Leute sind entschieden sehr, sehr wunderlich, sagte er zu sich auf seiner Reise.

»Für die Ehrgeizigen, die sich weder mit dem Gewinn des Lebens noch mit der Schönheit der Welt zufriedengeben, liegt die Strafe darin, daß sie sich selbst dieses Leben verbittern und die Schönheit der Welt nicht besitzen.«
Leonardo da Vinci

Der Geschäftsmann

*D*er vierte Planet war der des Geschäftsmannes. Dieser Mann war so beschäftigt, daß er bei der Ankunft des kleinen Prinzen nicht einmal den Kopf hob.
»Guten Tag«, sagte dieser zu ihm. »Ihre Zigarette ist ausgegangen.« (S. 43)

Der Geschäftsmann zählte die Sterne und schrieb die Zahlen auf einen Zet-tel. Er sagte, es gehörten ihm alle Sterne, denn er habe als erster daran gedacht, sie zu besitzen, und die Einwände des »kleinen Prinzen«, daß er sie nicht mitnehmen, daß er mit ihnen nichts anfangen könne, nahm er nicht ernst.
»... Und dann sperre ich dieses Papier in eine Schublade.«
»Und das ist alles?« wunderte sich der »kleine Prinz«.
»Das genügt«, erwidert der Geschäftsmann.

*»Ich«, sagte er noch, »ich besitze eine Blume, die ich jeden Tag
begieße. Ich besitze drei Vulkane, die ich jede Woche kehre. Denn ich
kehre auch den erloschenen. Man kann nie wissen. Es ist gut für meine Vulkane und gut für meine Blume, daß ich sie besitze. Aber du bist für die Sterne zu nichts nütze...«* (S. 47)

Auch eine meiner Rollen ist die eines »Geschäftsmannes«. Ich kenne
das, wenn man ungestört arbeiten will und einen unvermittelt jemand stört.
Da schaut man am liebsten noch nicht einmal auf. Ich sperre die Zettel mit
den Zahlen, auf denen steht, was ich besitze (oder nicht besitze), nicht einmal ein, ich hefte sie (die Kontoauszüge) nur einfach ab.

Aber der »Kleine Prinz« ermahnt uns, daß wir nur das wirklich besitzen,
um das wir uns kümmern, für das wir nütze sind. Aber »besitzen« wir etwa
umgekehrt unseren Partner oder unsere Kinder, um die wir uns kümmern,
für die wir ohne Zweifel nütze sind ... ? Nein, Menschen darf man nicht
besitzen. »Besitz« kann hier nur »Verantwortung« heißen. Wir sind für die
Menschen verantwortlich, die wir uns vertraut gemacht haben – wie der
»kleine Prinz« sagt –, oder die uns vom Schicksal zugeteilt wurden.

Die Arbeit als Rettungsanker
für die verwundete Seele

Wie gut man mit der Arbeit seine Einsamkeit und seinen Kummer
bekämpfen kann, habe ich erlebt, nachdem ich meine Familie
durch den Unfall verloren hatte. Bei der Arbeit war ich mit Menschen
zusammen, mit denen ich kommunizieren konnte, ohne daß das Thema
Familie auch nur indirekt angesprochen wurde. Die Kommunikation war
strukturiert, zielbezogen, in ihren Rollen klar. Wenn man mit sich selbst
Probleme hat, so ist das eine große Hilfe, denn dadurch ist es sehr einfach,
Teilbereiche auszuklammern. Die Arbeit hilft uns, uns auf Teile unserer Exi-
stenz zu reduzieren.

Wie perfekt mir das damals gelang, wurde in einer sehr peinlichen Situation deutlich, an die ich mich erinnern kann, als ob sie gestern passiert wäre, obwohl es über fünfundzwanzig Jahre her ist. Auf einer geschäftlichen Party traf ich einige Kollegen: solche, über deren Wiedersehen ich mich freute, und solche, mit denen ich nicht gerne zusammentraf, weil wir unterschiedliche Auffassungen davon hatten, wie man miteinander Geschäfte macht. Der Unfall war erst wenige Wochen her, aber ich war ja in meiner Rolle als Geschäftsmann da, und so war das schreckliche Erlebnis für mich nicht präsent, ich hatte es in meinem Bewußtsein in eine gesonderte Schublade gesteckt und zugesperrt.

Ein Kollege, mit dem ich einige Kämpfe ausgefochten hatte, kam mit einem seltsamen Lächeln auf mich zu, das sicher aus seiner Unsicherheit entsprang, das ich aber als Ausdruck von Überlegenheit interpretierte, und er sagte: »Herzliches Beileid.«

Ich weiß noch, wie ich in meiner Erinnerung danach suchte, welche neue Gemeinheit er mir angetan hatte, auf die er mich mit seiner Schadenfreude (so interpretierte ich jetzt sein Lächeln) wohl ansprach. Ich fand nichts, und hätte auch jede Möglichkeit zurückgewiesen, denn ich hatte schon vor langem beschlossen, daß er mich nicht verletzen kann. Diese Überlegung lief natürlich in weniger als einer Sekunde ab, und sie führte zu der zurückweisenden Antwort: »Wozu denn Beileid?« Alle Umstehenden inklusive meines Kollegen machten betretene Gesichter, und natürlich wurde mir dann auch klar, was er meinte, und daß sein Lächeln nichts mit Schadenfreude zu tun hatte, sondern nur Unsicherheit war. Er wandte sich ab, bevor ich die Möglichkeit hatte, das Mißverständnis zu erklären. Mir fehlten die Worte dazu. Meine Freunde meinten allerdings, ich hätte ihn absichtlich bloßgestellt, weil sie wußten, wie ich zu ihm stand, und sie gratulierten mir zu meinem vermeintlichen Gegenschlag.

Dabei war ich einfach nur der Geschäftsmann auf meinem kleinen Asteroiden, der nur seine Zahlen im Kopf hatte und der dem Ankömmling von dem anderen Planeten nicht erlaubte, in seine private Welt einzudringen.

Der Laternenanzünder

Der fünfte Planet war sehr sonderbar. Er war der kleinste von allen. Es war da gerade Platz genug für eine Straßenlaterne und einen Laternenanzünder. Der kleine Prinz konnte sich nicht erklären, wozu man irgendwo im Himmel, auf einem Planeten ohne Haus und ohne Bewohner, eine Straßenlaterne braucht. Doch sagte er sich:
Es kann ganz gut sein, daß dieser Mann ein bißchen verrückt ist. Doch ist er weniger verrückt als der König, der Eitle, der Geschäftsmann und der Säufer. (S. 47)

Im Gespräch mit dem Laternenanzünder findet der »kleine Prinz« heraus, daß dieser einer Weisung folgt, die ihm früher viel Zeit ließ. Seit sich aber der Planet immer schneller dreht, tut er einen schrecklichen Dienst, denn er muß in jeder Minute die Laterne einmal anzünden und einmal auslöschen, dabei ist das, was er am Leben liebt, der Schlaf.

Der, sagt sich der kleine Prinz, während er seine Reise fortsetzte, der wird von allen anderen verachtet werden, vom König, vom Eitlen, vom Säufer, vom Geschäftsmann. Dabei ist er der einzige, den ich nicht lächerlich finde. Das kommt vielleicht daher, weil er sich mit anderen Dingen beschäftigt statt mit sich selbst. (S. 51)

Sich einer Aufgabe widmen, selbst dann, wenn sie sinnlos geworden ist, ist für den »kleinen Prinzen« das, was er noch am ehesten verstehen kann.
Auch ich habe Hochachtung vor Menschen, die ganz in einer Aufgabe aufgehen. Wer in seiner Aufgabe aufgeht, nicht an ihr zweifelt, braucht nie über ihren Sinn zu grübeln, er weiß immer und zu jeder Zeit, wozu er da ist. Es kommt darauf an, daß wir eine Aufgabe finden, die uns vollkommen ausfüllt, an der wir nicht zweifeln. Allerdings will uns diese Geschichte sicher auch davor warnen, »Weisungen« zu befolgen, ohne sie zu hinterfragen.

Der Geograph

Der sechste Planet war zehnmal so groß. Er war von einem alten Herrn bewohnt, der ungeheure Bücher schrieb.

»Da schau! Ein Forscher!« rief er, als er den kleinen Prinzen sah.

Der kleine Prinz setzte sich auf den Tisch und verschnaufte ein wenig. Er war schon so viel gereist!

»Woher kommst du?« fragte ihn der alte Herr.

»Was ist das für ein dickes Buch?« sagte der kleine Prinz, »was machen Sie da?«

»Ich bin Geograph«, sagte der Herr.

»Was ist das, ein Geograph?«

»Das ist ein Gelehrter, der weiß, wo sich die Meere, die Ströme, die Städte, die Berge und die Wüsten befinden.« (S. 51)

Der »kleine Prinz« war begeistert.

»Endlich ein richtiger Beruf!«

Aber letztlich enttäuschte ihn auch der Geograph, denn der wußte noch nicht einmal, ob es auf seinem Planeten Ozeane oder Berge gibt. Das zu erkunden sei Sache der Forscher.

»Es fehlt uns gänzlich an Forschern. Der Geograph ist zu wichtig, um herumzustreunen. Er verläßt seinen Schreibtisch nicht.« (S. 52)

Was der »kleine Prinz« mit dem Geographen erlebte, habe auch ich oft im beruflichen Alltag vieler Menschen beobachten können: die Sinnlosigkeit mancher Arbeit, das Unvermögen und die Eingeschränktheit vieler Theoretiker. Die Arbeitsteilung, die uns sicher viele ökonomische Vorteile gebracht hat, hat einen ganz entscheidenden Nachteil für die Menschen. Das umfassende Erkennen und Verstehen der eigenen Arbeit geht verloren, und damit ein großer Teil der Motivation.

»Man sieht die Blumen welken und die Blätter fallen, aber man sieht auch Früchte reifen und neue Knospen keimen. Das Leben gehört dem Lebendigen an und wer lebt, muß auf Wechsel gefaßt sein.«
Johann Wolfgang von Goethe

Die Schönheit des Vergänglichen

Etwas später wird dem »kleinen Prinzen« dann vor Augen geführt, daß sich der Geograph für seinen Planeten sehr interessiert, für seine Vulkane, aber nicht für seine Blumen.

»Warum das? Sie sind das Schönste!«

»Weil Blumen vergänglich sind.« (S. 54) antwortet ihm der Geograph.

Der »kleine Prinz« wird gewahr, daß das Schönste, vor allem auch seine Rose, die er doch so liebt, vergänglich, d. h. von baldigem Entschwinden bedroht ist. Es scheint so zu sein, daß zur Schönheit die Vergänglichkeit gehört.

Ich habe mich immer gefragt, warum man nicht nur schöne Seidenblumen kauft. Sie mögen etwas teurer sein als die richtigen Blumen, aber wenn sie gut gemacht sind, sind sie genauso schön, und sie haben den großen Vorteil, daß sie ewig halten und nie verblühen. Trotzdem stellen wir uns echte, »vergängliche« Blumen ins Zimmer oder verschenken sie. Es scheint so, als bevorzugten wir die Schönheit des Vergänglichen. Vielleicht deshalb, weil wir Schönheit vor allem dann besonders bemerken und genießen, wenn sie nichts Alltägliches, wenn sie etwas Besonderes, nicht ständig Verfügbares ist.

Wir sollten uns also nicht grämen, daß alles Schöne letztlich vergänglich ist, sondern wir sollten uns bewußt machen, daß die Vergänglichkeit zur Schönheit gehört, so wie das Naßwerden zum Waschen oder die Mühe zum Glücklichsein.

Der Geograph rät dem »kleinen Prinzen«, als nächsten den Planeten Erde zu besuchen, denn »er hat einen guten Ruf ...«

89

Die Erde ist nicht irgendein Planet! Man zählt da hundertelf Könige, wenn man wohlgemerkt die Negerkönige nicht vergißt, siebentausend Geographen, neunhunderttausend Geschäftsleute, siebeneinhalb Millionen Säufer, dreihundertelf Millionen Eitle, kurz – ungefähr zwei Milliarden erwachsene Leute.

Wenn uns das ein bißchen wenig vorkommt, so mag es daran liegen, daß Saint-Exupéry sein Buch vor über fünfzig Jahren geschrieben hat und sich die Menschen seitdem vermehrt haben. Ich habe den Eindruck, daß vor allem die Eitlen deutlich zugenommen haben.

Kapitel VI

Der Weichensteller

*»Die alltäglichen Menschenerlebnisse sind die tiefsten – wenn man sie von
der Gewohnheit befreit.«*
Robert Musil

»Man ist nie zufrieden
dort, wo man ist.«

Auf der Erde traf der »kleine Prinz« dann auch den Weichensteller.

»Guten Tag«, sagte der kleine Prinz.
»Guten Tag«, sagte der Weichensteller.
»Was machst du da?« sagte der kleine Prinz.
*»Ich sortiere die Reisenden nach Tausenderpaketen«, sagte der Weichen-
steller. (S. 72)*

Und der »kleine Prinz« schaute zu, wie der Weichensteller die Züge
mal nach rechts und mal nach links fahren ließ. Als ein Zug aus der Gegen-
richtung kam, fragte der »kleine Prinz«:

»Waren sie nicht zufrieden dort, wo sie waren?«
»Man ist nie zufrieden dort, wo man ist«, sagte der Weichensteller. (S. 73)

Dieses Gefühl kennt jeder: Man braucht Abwechslung, man möchte
bisweilen eine Veränderung, und die erreicht man am schnellsten, wenn
man verreist. Ich lebe intensiver, wenn ich an einem ungewohnten Ort bin,
wenn alles neu für mich ist. Ich sehe mehr, es bleibt alles besser im
Gedächtnis. Ich kann mich auch Jahre danach noch an Kleinigkeiten einer
Reise erinnern, während viele Tage, die ich zu Hause im gewohnten Trott
verbracht habe, völlig aus dem Gedächtnis verschwunden sind. Es handelt
sich hier offensichtlich um so etwas wie das bekannte Figur-Grund-Phäno-
men. Wir sehen das besonders gut, was sich von der Umgebung, d. h. vom
Alltäglichen abhebt.

Wenn ich manchmal geschäftlich verreisen muß und daher schon zu unchristlichen Zeiten das Schlafzimmer verlasse, kommt es vor, daß meine Frau mich beneidet: »Du hast es gut, du siehst etwas von der Welt.« Zuerst kam es mir so vor, als wollte meine Frau mich verspotten: Ich mußte um fünf Uhr aufstehen und einen Achtzehn-Stunden-Tag in Kauf nehmen, während sie im Bett bleiben konnte, um auszuschlafen.

Aber man ist nie zufrieden, da, wo man ist. Obwohl ich auf Geschäftsreisen nur austauschbare Flughäfen und Büros sehe, so ist es eben für meine Frau etwas Besonderes, weil sie viel seltener aus dem alltäglichen Trott zu Hause herauskommt. Das Verständnis dafür verdanke ich dem Weichensteller.

Die Puppe aus Stoff-Fetzen

Nachdem ein Zug nach kurzer Zeit einem vorherigen folgte, fragt der »kleine Prinz«:

»Verfolgen diese die ersten Reisenden?«
»Sie verfolgen gar nichts«, sagt der Weichensteller. »Sie schlafen da drinnen, oder sie gähnen auch. Nur die Kinder drücken ihre Nasen gegen die Fensterscheiben.«
»Nur die Kinder wissen, wohin sie wollen«, sagt der kleine Prinz. »Sie wenden ihre Zeit an eine Puppe aus Stoff-Fetzen, und die Puppe wird ihnen sehr wertvoll, und wenn man sie ihnen wegnimmt, weinen sie ...«
»Sie haben es gut«, sagte der Weichensteller. (S. 73)

Ich kann mich erinnern, daß wir als Kinder in der Zeit kurz nach dem Krieg, als es noch sehr wenig gab, mit kleinen Holzklötzchen gespielt haben. Wir haben auf das obere Drittel der Holzklötzchen »MP« gemalt, und damit waren es Militärpolizisten. Sie waren für uns damals mindestens so wertvoll, wie meinen Kindern heute, fünfzig Jahre später, perfekte, farbig lackierte Figuren. Es kommt offensichtlich nicht darauf an, was wir mit den Augen sehen, sondern welche Beziehung wir zu den Dingen entwickeln und was wir mit unserem Herzen daraus machen.

Das Ziel meines Lebens

Mein Vater war schon fast siebzig Jahre alt, als er während eines Essens, bei dem auch ich dabei war, einen Kreislaufzusammenbruch erlebte. Er wurde ohnmächtig und mußte mit einem Rettungswagen ins Krankenhaus gebracht werden. Zum Glück stellte sich dort heraus, daß ihm nichts Ernsthaftes fehlte. Als ich ihn noch am gleichen Tag besuchte, wußte er schon, daß er gesund war, aber der Schreck steckte ihm noch offensichtlich in den Gliedern. Er lag noch im Krankenbett, während wir miteinander sprachen, und was er sagte, sollte mein Leben wesentlich beeinflussen:

»Weißt du, ich dachte eine Zeit lang, das ist mein Ende. Aber ich hatte eigentlich keine Todesangst. Ich meinte, in Ruhe gehen zu können, denn ich habe doch alles gut gerichtet. Ich habe alles gelebt und voll ausgekostet, was sich mir geboten hat. Und ich habe Verantwortung übernommen und konsequent getragen. Wenn ich euch Kinder ansehe, so hat es sich gelohnt. Ja, ich würde alles noch einmal so machen.«

Mein Vater hatte sich wieder voll erholt und lebte noch einige Jahre. Aber er hat mir in diesem Gespräch ein Ziel für mein Leben geschenkt. Mein ganzes Streben richtet sich darauf, am Ende meiner Tage etwas Ähnliches sagen zu können: Ich habe mein Leben voll ausgekostet, und ich würde es noch einmal so leben. Was können wir mehr erreichen?

Nachwort

Es gibt viele Stellen im »Kleinen Prinzen« von Saint-Exupéry, bei denen ich spüre, daß sie mir – vielleicht später in meinem Leben – noch etwas sagen könnten. Heute bin ich aber offensichtlich noch nicht soweit, ich habe vielleicht noch nicht die richtigen Erfahrungen gemacht, ich habe mich noch nicht so weit entwickelt oder die richtigen Einsichten gefunden, um die Bedeutung auch dieser Geschichten zu erfassen.

Und vielleicht sagen Ihnen auch andere Bilder viel mehr als die Metaphern und Gleichnisse, die für mich im Vordergrund stehen.

Ich würde mir wünschen, daß dieses Buch für Sie zu dem wird, was es für mich war und ist: ein Freund, der immer dann hilft, wenn Sie Hilfe brauchen. Ich bin sicher, daß das auch eine für Antoine de Saint-Exupéry sehr befriedigende Antwort auf seine Frage wäre, die er sich immer wieder stellte:

»Was wird aus meinem Buch bei dem, der es liest?«

Die Deutsche Bibliothek – CIP–Einheitsaufnahme

Martens, Jens Uwe:
Mit dem Herzen suchen : »Der Kleine Prinz« von Saint-Exupéry als Wegweiser durchs
Leben / Jens Uwe Martens. - Orig.-Ausg. - Köln : DuMont, 1998
  ISBN 3-7701-4442-2

Originalausgabe
© 1998 DuMont Buchverlag, Köln

2. Auflage 1999

Umschlaggestaltung und Layout: Jutta Walter, DuMont Buchverlag, Köln
Satz: DuMont Buchverlag, Köln
Druck und buchbinderische Verarbeitung: Neue Stalling, Oldenburg

Printed in Germany ISBN 3-7701-4442-2